Hermann Lotze

Grundzüge der Naturphilosophie

Hermann Lotze

Grundzüge der Naturphilosophie

ISBN/EAN: 9783743385627

Hergestellt in Europa, USA, Kanada, Australien, Japan

Cover: Foto ©ninafisch / pixelio.de

Manufactured and distributed by brebook publishing software
(www.brebook.com)

Hermann Lotze

Grundzüge der Naturphilosophie

Grundzüge

der

Naturphilosophie

Dictate aus den Vorlesungen

von

Hermann Lotze

Leipzig
Verlag von S. Hirzel
1882

Inhalt.

Die Dictate sind im Nachstehenden in der Fassung dem Abdruck zu Grunde gelegt worden, welche Lotze im Winter-Semester 1876/77 ihnen gegeben hat.

Anhang.

Einleitung.

§ 1.

Wir verstehen unter Natur theils im Gegensatz zu Kunst und Absicht die Form des Wirkens, welche ohne Kenntniß des zu erreichenden Zieles blind durch allgemeine Gesetze bestimmt wird, theils aber auch die Gesammtheit der Beispiele, in denen diese Form des Wirkens vorkommt. Doch pflegen wir nach allgemeinem Sprachgebrauch das geistige Leben, das mit aller seiner Absichtlichkeit dennoch nicht minder auf einem blinden unbewußten und nothwendigen Ablauf der Zustände unserer Seele beruht, von der Summe dieser Beispiele auszunehmen, und verstehen unter Natur nur die äußerliche körperliche Welt, von der wir voraussetzen, daß sie auch für sich allein und abgesehen von dem in ihr vorkommenden geistigen Leben ein in sich zusammengehöriges und abgeschlossenes Ganze bilde. — Dieser Annahme folgen wir vorläufig, mit dem Vorbehalt späterer Prüfung.

§ 2.

Die philosophische Bearbeitung dieses Gebietes unterscheidet sich von der, die in den Naturwissenschaften gewöhnlich ist. Die letzteren sind allerdings nicht ausschließlich durch die Bedürfnisse des Lebens veranlaßt worden; sie streben daher auch nicht durchaus nach einer wirklich praktischen Herrschaft über die Außenwelt. Aber sie begnügen sich allerdings mit einer gewissen theoretischen Herrschaft über dieselbe, d. h. sie streben darnach, aus gegenwärtigen Thatbeständen die nothwendig vorangegangenen errathen, die nothwendig in Zukunft folgenden voraussagen und die

Lotze, Naturphilosophie. 1

unferer Beobachtung unzugänglichen Umstände bestimmen zu können, welche zugleich mit den in unsere Beobachtung fallenden irgendwo stattfinden müssen. Diesen Zweck erreichen sie, indem sie durch Bearbeitung der Erfahrungen allgemeine Regeln über den Zusammenhang der Erscheinungen gewinnen, und über den Thatbestand, welcher unbeobachtbar den veränderlichen Erscheinungen zu Grunde liegt, Hypothesen aufstellen, die es möglich machen, durch Anwendung jener allgemeinen Gesetze auf sie und auf die mannigfaltigen durch sie bezeichneten Umstände aus gegebenen Stücken des Verlaufs der Dinge die Fortsetzung derselben in Uebereinstimmung mit der Wirklichkeit zu berechnen.

Natürlich zieht man bei der Bildung dieser Hypothesen und Grundvorstellungen den künstlicheren die einfacheren vor und diejenigen, die einer unbefangenen Ueberlegung als wahrscheinlicher vorkommen. Allein im Ganzen genommen wird doch die Tauglichkeit einer physikalischen Theorie nur nach dem Umfang und dem Grade der Genauigkeit geschätzt, mit welcher sie eine ganze Gruppe zusammengehöriger Vorgänge unter allgemeine Gesichtspunkte bringt und aus einander zu berechnen lehrt. Dagegen wird nicht ausdrücklich untersucht, ob und in wie weit diese gewählten Grundvorstellungen objectiv das Wesen der Sache selbst ausdrücken, und ob sie nicht blos subjective Manieren sind, mit denen wir uns den Lauf der Sachen zureichend verbildlichen. Es wird im Gegentheil die ganze Reihe solcher Fragen, was z. B. Materie sei, was Kraft, was Bewegung, oder: wie es möglich sei, daß die Atome existiren, von deren Vorstellung die Physik einen äußerst nützlichen Gebrauch macht, geradezu abgelehnt.

Eben diese nun fallen der Philosophie zu.

§ 3.

Im Zusammenhang eines philosophischen Systems wäre es möglich und es würde Pflicht sein, diejenigen Grundvorstellungen und Grundsätze sogleich der Reihe nach zu entwickeln, von denen

wir glaubten, daß sie einer richtigen Naturerkenntniß zu Grunde gelegt werden müßten. Da wir aber den ganzen Reichthum unserer
Kenntnisse hierüber nur den verdienstlichen Anstrengungen der Naturwissenschaften selbst verdanken, so unterlassen wir dies und geben
unseren Betrachtungen die Form einer kritischen Ueberlegung, indem
wir uns an diejenigen Naturansichten anschließen, die von jenen
Wissenschaften bisher ausgebildet worden sind, und die uns blos
nicht bis zu demjenigen Punkte durchgeführt und vollendet erscheinen,
auf welchem sie außer ihrer praktischen Nützlichkeit, für die Berechen-
barkeit des Laufes der Dinge, auch noch hinreichten, um alle Schwierigkeiten, welche die Metaphysik ihnen entgegenstellt, zu überwinden
und ein wirkliches Verständniß der Natur zu gewähren.

§ 4.

Die gewöhnliche unseren Naturwissenschaften allgemein zu
Grunde liegende Ansicht unterscheidet sich nun von der Naturauffassung des täglichen Lebens zunächst durch die eine
(unzweifelhaft richtige, aber in der Regel schlecht bewiesene) Behauptung, daß alle sinnlichen Eigenschaften, der Farbe, des Geschmackes rc.,
die wir an den Gegenständen selbst zu finden glauben, nicht
wirkliche objective Eigenschaften derselben, sondern blos subjective
Erscheinungen in uns sind, d. h. Empfindungen, die durch die
Einwirkungen der Dinge auf unsere Sinne in uns entstehen, außer
dem sie empfindenden Geiste aber durchaus keine Wirklichkeit haben.

Was wirklich außer uns als Außenwelt existirt, besteht daher
blos noch in einer unbestimmbaren Menge materieller Elemente,
die durch gar keine sinnliche Eigenschaft, sondern blos durch mathematische Größe, Gestalt, Dichtigkeit charakterisirt sind und sich von
einander unterscheiden, und aus deren mannigfaltigen Gegenwirkungen gegen einander, die zuletzt immer in erzeugten Bewegungen
bestehen, die verschiedenen Veranlassungen entstehen, um derenwillen
uns die Körper bald diese, bald jene sinnliche Eigenschaft zu besitzen scheinen.

Soll unter diesen Voraussetzungen eine zusammenfassende Naturansicht ausgebildet werden, so wird sie zu zeigen haben, wie man sich diese unbestimmt vielen ähnlichen oder unähnlichen Elemente zu denken hat, von denen wir sagen, daß sie bewegt seien. Ferner: welche Formen diese Bewegungen selbst haben und unter welchen Bedingungen oder, nach gewöhnlichem Ausdruck, durch welche wirklich vorhandenen Kräfte sie erzeugt oder gehemmt werden können. Dann, da die Natur nicht einen ordnungslosen Wirbel von Vorgängen darstellt, wird man auch wissen müssen, welche allgemeinen Gewohnheiten der Verknüpfung der Ereignisse in ihr herrschen. Endlich, dies alles vorausgesetzt, wird man fragen, ob dem Ganzen dieser Naturvorgänge sich ein Anfang oder ein Ende geben läßt, oder in welchem Rhythmus es sich vielleicht ewig erhalten wird.

Alle diese Fragen wären aber ganz unfruchtbar und ließen sich nicht beantworten, wenn wir nicht vor allem eine Reihe ganz allgemeiner Grundsätze besäßen, die von jeder Bewegung gelten und die uns in den Stand setzen, zu beurtheilen, welches ganz bestimmte Resultat, d. h. welche neue Bewegung c in jedem Fall entstehen muß, wenn zwei oder mehrere andere Bewegungen a und b an irgend einem materiellen Element x zusammentreffen und auf einander einwirken. Dies ist die Aufgabe einer allgemeinen Mechanik.

<hr>

Erstes Kapitel.
Von der Bewegung.

§ 5.

Was wir unter 'Bewegung' verstehen, davon haben wir eine vollständig klare anschauliche Vorstellung. Ihren Begriff dagegen fruchtbar zu definiren würde sehr schwer sein. Abgesehen von andern ganz unanwendbaren Definitionen würden die beiden, nach denen sie entweder stetige Veränderung des Ortes oder das Durchlaufen einer Raumstrecke ist, jener Anschauung am nächsten kommen. Sie haben aber beide den Mangel,

daß sie die Vorstellung der Zeit als ganz unentbehrlich mit ein-
mischen, aber doch nicht angeben, in welcher Weise sie zu dem Begriff der Bewegung nothwendig hinzugehört. Man überzeugt sich
durch diese und fortgesetzte Definitionsversuche, daß es überhaupt
nicht praktisch ist, die Lehre von der Bewegung mit einer Definition
ihres Begriffs zu beginnen. Es ist richtiger von einem Satze,
nämlich von einer Gleichung auszugehen, die genau das Verhältniß ausdrückt, in welchem die verschiedenen Theilvorstellungen
stehen müssen, die zu jenem Begriff der Bewegung gehören. Mit
dieser Gleichung

$$s = ct$$

d. h. dem Gesetz der einfachsten, gleichförmigen Bewegung, hat die wahrhaft fruchtbare Naturphilosophie in der Zeit
Galilei's begonnen.

§ 6.

So fruchtbar indessen und unentbehrlich diese Gleichung ist,
so befriedigt sie doch nicht alle unsere philosophischen Bedürfnisse.
Sie bleibt immer nur eine Formel, welche die Zusammengehörig-
keit der Werthe von Raum, Zeit und Geschwindigkeit in einer
Bewegung bestimmt, wenn diese Bewegung einmal vorgeht; dagegen wie es zugeht, daß sie überhaupt vorgehen könne oder
worin eigentlich der Vorgang besteht, dessen anschauliches Product,
die Veränderung des Ortes oder die Durchlaufung des Raumes,
wir durch diese Gleichung messen, das sagt sie selber nicht. Daß
nun aber in der That hier noch etwas liegt, was man wissen
möchte, aber nicht weiß, oder wonach man ein Recht hat zu fragen,
läßt sich folgendermaßen zeigen.

Die Naturwissenschaft setzt allenthalben stetige Bewegung
voraus, d. h. kein Element X verschwindet plötzlich an dem Orte
a, um eben so plötzlich an dem Orte z wieder zu erscheinen, und
ohne in aufeinanderfolgenden Zeitmomenten alle Orte zwischen
a und z der Reihe nach durchlaufen zu haben. Man wird
daher auch in jedem unendlich kleinen Zeitaugenblick das bewegte

Element X am Anfang dieses Augenblicks an einem andern Punkte a denken, als am Ende desselben; und auch hier wieder wird es die Strecke von a bis z stetig durchlaufen müssen. Die Fortsetzung dieser Ueberlegung zeigt, daß der bewegte Körper auch in keinem untheilbaren Augenblick an einem Punkte ist oder ruht (wie das Sophisma des Zeno annahm), sondern daß er in jedem durch einen Punkt hindurchgeht; d. h. also: der bewegte Körper unterscheidet sich von dem unbewegten auch dann noch, wenn wir von allem Zeitverlauf absehen, der es ihm möglich macht, einen wirklichen Weg von endlicher Größe zu durchlaufen.

Worin nun das besteht, was diesen Unterschied ausmacht und die Durchlaufung des Raumes als Resultat hervorbringt, ist in jener Gleichung durchaus nicht enthalten, und wir heben die Antwort auf diese Frage einem späteren Zusammenhang auf.

§ 7.

Hiermit zusammen hängen die Annahmen, welche man über die s. g. Relativität aller Bewegungen macht.

Wenn in einem absolut leeren Raume ein Körper sich von a nach b bewegt, so wird die Berechnung dessen, was hier stattfindet, allemal dasselbe Resultat geben, wenn man annimmt, der Körper sei in Ruhe, der gesammte Raum aber bewege sich mit gleicher Geschwindigkeit von b nach a. Ebenso wenn zwei Körper a und b sich einander nähern oder von einander entfernen, so ist das Resultat in jedem Augenblick auch so zu erreichen, daß man entweder a oder b ruhend und b oder a bewegt denkt, oder daß man beide für bewegt annimmt und die Bewegung auf sie nach irgend einem Maße vertheilt.

Allein alle diese Annahmen sind blos zufällige Ansichten, d. h. willkürliche und künstliche Hülfsconstructionen, durch die es unserer Erkenntniß gelingt, das richtige Resultat zu treffen. In der Natur der Sache dagegen findet eine solche Zweideutigkeit nicht statt und jeder Körper ist entweder in Ruhe oder in Be wegung, und es muß in jedem Einzelfall bestimmte Gründe geben, warum die wirkliche Bewegung nur dem a und nicht dem b, oder zwar beiden, aber nur in dem Verhältniß der Geschwindigkeiten 1 : m, und nicht in einem andern 1 : n, zugeschrieben werden darf. Die Relativität der Bewegung hat daher kein philosophisches Interesse. Man knüpft hieran noch andere Speculationen. Man behauptet z. B., in einem absolut leeren Raum sei Bewegung eines einzigen Körpers unmöglich. Das ist zweideutig. Versteht man unter Bewegung blos jenes·anschauliche Resultat, nämlich die Veränderung des Ortes, so würde in einem absolut leeren Raum eine Bewegung, auch wenn sie stattfände, absolut unerkennbar sein, weil kein Punkt dieses Raumes sich von einem andern unterscheidet, und es also auch gar nicht·möglich wäre, die Richtung, in welcher die Bewegung geschähe, im Gegensatz zu einer andern zu charakterisiren, in welcher sie nicht geschieht. Denkt man jedoch daran, daß jeder Bewegung der im vorigen Paragraphen angedeutete unanschauliche Vorgang zu Grunde liegen muß, so kann man nicht zweifeln, daß auch in einem absolut leeren Raume sowohl eine fortschreitende Bewegung als eine Drehung nach bestimmter Richtung wirklich stattfinden könnte, und daß also nicht ihre Existenz unmöglich, sondern blos ihre Erkenntniß undenkbar sein würde. Nur eins darf man hinzufügen, was im folgenden sogleich weiter zu berühren ist; nämlich man könnte sich zwar eine solche Bewegung als geschehend denken, aber es bliebe freilich unbegreiflich, wie sie in einem absolut leeren Raume jemals hätte anfangen können.

§ 8.

Allen weiteren Betrachtungen über die Bewegung liegt das s. g. Gesetz der Beharrung zu Grunde.

Der erste Theil desselben behauptet: ein in Ruhe befindliches Element beharre im Zustande der Ruhe, wenn nicht eine äußere Ursache es in Bewegung setze. In der That, denken wir uns ein einziges reales Element z in einem völlig leeren Raum, so werden alle Raumpunkte, die sich in derselben Entfernung r von z auf einer Kugelschale befinden, zu z ganz und gar in denselben Verhältnissen stehen, und es ist nicht blos für uns unbegreiflich, sondern an sich unmöglich, daß es in z einen geheimen Trieb geben könnte, der es ausschließlich nach einem bestimmten Raumpunkt b und nicht nach a oder c hindrängte. Denn nicht blos für uns sind a, b, c ununterscheidbare Punkte, sondern auch das Wesen z würde, so zu sagen, nicht merken können, ob es sich nach seinem gewünschten Ziele b, und nicht nach einem andern a oder c bewegte, weil eben a, b, c nicht blos einander gleich, sondern auch zu z ganz in denselben Beziehungen, nämlich in der Entfernung r von ihm gelegen sind. Es gibt also unter diesen Voraussetzungen kein bestimmendes Motiv für die Richtung, und, wie man weiterhin leicht findet, auch kein Motiv für die Geschwindigkeit der Bewegung, die entstehen sollte.

Der Sinn dieses ersten Theils des Gesetzes ist also der, daß ein neuer Anfang zu Bewegung immer nur aus der Wechselwirkung von mindestens zwei realen Elementen z und y entstehen kann. Der Punkt des Raumes, welcher der Ort des y ist, ist hierdurch von allen andern Raumpunkten unterschieden, und bestimmt die Richtung, welche die Bewegung von z nehmen soll. Eine innere Beziehung zwischen den Naturen von y und z, die wir jetzt noch dahingestellt lassen, kann das Motiv für die Geschwindigkeit enthalten, mit der diese Bewegung geschieht.

§ 9.

Der andere Theil des Satzes behauptet, eine Bewegung, die einmal im Gange sei, setze sich geradlinig und mit constanter Geschwindigkeit ins Unendliche fort, wofern sie nicht durch äußere Ursachen gehemmt oder geändert werde.

Das Alterthum glaubte hieran nicht, schrieb eine solche ewige Bewegung blos den Himmelskörpern als göttlichen Wesen zu, nahm dagegen von jeder irdischen Bewegung an, daß sie selbstverständlich mit der Zeit ermüde und in Ruhe übergehe.

Allein gerade diese, auf den ersten Blick sehr natürlich scheinende Ansicht ist eigentlich undenkbar. Hätte man angenommen, eine Bewegung höre sofort, in demselben Augenblick völlig wieder auf, in welchem die sie erzeugende Ursache aufhört zu wirken, so wäre dies logisch wenigstens begreiflich gewesen. Soll aber die Bewegung nach und nach abnehmen, so fragt sich, woher in jedem Augenblicke derjenige Theil derselben kommt, der noch nicht verschwunden ist. Und da man nun eine neue bewegungserzeugende Ursache hier nicht im Auge hat, so kann dieser noch vorhandene Theil der Bewegung offenbar nur als Fortsetzung der vorigen angesehen werden, d. h.: das Gesetz der Beharrung muß bereits gelten, damit man die Allmählichkeit des Aufhörens der Bewegung begreifen könne.

§ 10.

Es würde sich nun zeigen lassen, daß die Annahme eines augenblicklichen Verschwindens der Wirkung mit dem Aufhören der erzeugenden Ursache an sich selbst widersprechend ist, und überhaupt jede Wirkung, also auch jede Bewegung, unmöglich machen würde.

Da nämlich Bewegung immer nur aus einem Verhältniß eines realen Elements z zu einem oder mehreren andern entstehen kann, so möge u, die Summe der augenblicklichen Umstände bedeuten, durch welche dem z eine Geschwindigkeit a_1 mitgetheilt wird. Denkt man sich nun diese Geschwindigkeit einen unendlich kleinen Zeittheil dt hindurch, gemäß dem Gesetz der Beharrung, fortdauernd, so würde z einen wirklichen Weg $a_1.dt$ beschreiben, durch welchen die Summe jener Umstände u, verändert und in u_2 übergeführt würde. Wenn nun auch u_2 während eines dt die Geschwindigkeit a_2 erzeugt und unterhält, so geht durch diesen Weg $a_2.dt$ auch u_2 in u_3 über u. s. w. So lange wir nun hier dt als eine zwar unendlich kleine, aber doch noch immer wirkliche, ausgedehnte Zeitstrecke ansehen, so wird aus der Addition dieser zurückgelegten Wege $a_1.dt + a_2.dt + \ldots$

die wirkliche endliche Raumstrecke A.t hervorgehen. Wollten wir jedoch dt ernstlich als Null betrachten, d. h. als Augenblick von gar keiner Ausdehnung, so würde jeder von jenen einzelnen Wegen, weil multiplicirt in Null, vollkommen verschwinden und gar keine wirkliche Bewegung stattfinden. Oder nun anders ausgedrückt: Wenn der Satz der Beharrung nicht gilt, so wird eine Ursache u überhaupt gar keine Wirkung erzeugen, weil sie in dem Moment, in welchem sie auch nur Miene machte, einen wirklichen Anfang ihrer Wirkung hervorzubringen, die Umstände ändern würde, auf denen ihre wirkungserzeugende Kraft beruht.

Man kann deshalb jenen Gedanken, welcher dem Gesetz der Beharrung entgegengesetzt wurde, dann nicht festhalten, wenn man die Wirklichkeit der Bewegung überhaupt zugibt.

§ 11.

Im Allgemeinen muß man das Verhältniß einer blos logischen Bedingung zu ihrer Consequenz durchaus von dem einer wirklichen Ursache zu ihrer Wirkung unterscheiden. Wenn es sich um bloße allgemeine Wahrheiten handelt, wie etwa in der Mathematik, so versteht sich von selbst, daß die an eine Bedingung u geknüpfte Consequenz a in allen den Fällen oder in den Beispielen oder an denjenigen Subjecten fehlt, in deren Natur und Begriff jenes u nicht vorkommt. Ein Satz also, der etwa von geraden Zahlen etwas behauptet, kann nicht von selbst gelten in Bezug auf ungerade. Eine wirkende Ursache dagegen ist eben nicht eine allgemeine Wahrheit, sondern ein Factum, welches in der Wirklichkeit bald vorkommt, bald nicht. Ist es überhaupt nie vorgekommen, so versteht sich, daß auch seine Wirkung fehlt; ist es aber einmal gewesen, so unterscheidet sich dieses Gewesensein durchaus von demjenigen Nichtsein, welches niemals gewesen ist; und die Wirkung, welche einmal durch eine nun verschwundene Ursache in die Wirklichkeit eingeführt worden ist, hört nun nicht von selbst wieder auf, sondern ist und bleibt ein Theil der Wirklichkeit so lange, bis andere wirksame Thatsachen eintreten, und einen entgegengesetzten Zustand hervorbringen, durch den sie aufgehoben wird.

Dieser ganz allgemeine Satz der Beharrung würde sich daher nicht blos auf räumliche Bewegungen, sondern auch auf jeden andern denkbaren Zustand eines Realen beziehen, der auf irgend eine Weise einmal entstanden ist. Ein eigentlich logischer Beweis für die Gültigkeit dieses Satzes läßt sich nicht führen; denn es gibt keine noch allgemeineren und noch selbstverständlicheren Sätze, aus denen man ihn ableiten könnte. Allein in diesem erweiterten Sinne, wie hier geschehen, aufgefaßt, beseitigt er vielleicht etwas die Paradoxie, die dem Satz von der Beharrung immer einigermaßen anklebt, wenn man ihn als ein besonderes, der räumlichen Bewegung eigenthümliches Gesetz ansieht.

§ 12.

Nächst dem Satz von der Beharrung ist das einfachste Gesetz das von der Zusammensetzung der Bewegung, gewöhnlich als 'Parallelogramm der Kräfte' bezeichnet.

Unser Interesse an diesem Gesetz geht dahin, die Richtigkeit desselben nicht durch eine der verwickelten mathematischen Demonstrationen zwangsweise zu beweisen, deren man sehr viele versucht hat, sondern die einfachen entweder evidenten oder durchaus probabeln Gedanken hervorzuheben, auf welche schließlich doch auch jene Beweisversuche fußen müssen.

Hier ist nun zuerst zu bemerken, daß zwei blos logische Behauptungen, die von demselben Subject z entgegengesetzte Prädicate aussagen, immer einen unvereinbaren Widerspruch bilden, aus dem durchaus nichts weiter folgt. Wenn dagegen nicht blos im Denken, sondern in der Wirklichkeit zwei entgegengesetzte oder verschiedene Bedingungen auf dasselbe reale Element z einwirken, so entsteht hier nicht die Wirkung der einen, und die der andern nicht; es geschieht auch keineswegs nichts; sondern es entsteht

allemal eine re[ultirende Wirkung, zu welcher beide Bebingungen beitragen.

Ueber die Gestalt aber, welche diese Resultante R haben wird,
würde die einfachste denkbare Annahme diejenige sein, R sei so be-
schaffen, daß in ihrem Erfolge die beiden Specialerfolge, welche
die Bedingungen einzeln gehabt haben würden, vollständig enthalten sind, und nur in der Herbeiführung dieses Erfolgs sich
dasjenige aufhebt, was an beiden Bedingungen unvereinbar war.

§ 13.

Wenn nun auf z zwei Bewegungsantriebe nach a hin und
nach b hin mit Geschwindigkeiten, welche durch die Länge der Linien
z a und z b ausgedrückt werden, zu gleicher Zeit einwirken, so ist
hieran unvereinbar blos dies, daß beide gleichzeitig die verschiedenen Bewegungen hervorbringen; dagegen hindert gar nichts,
daß z successiv die eine nach der andern ausführe. Die einfachste
Annahme wird also nach dem Vorigen darin bestehen, daß in einer
und derselben Zeiteinheit z an einen Punkt d gelangt, an welchen
es in zwei Zeiteinheiten dann gelangt sein würde, wenn es erst
der einen, dann der andern Bewegung einzeln gefolgt wäre. Dieser
Punkt d ist selbstverständlich der Durchschnittspunkt zweier Linien
ad und bd, welche parallel sind zu zb und za.

Die Art der Herbeiführung dieses Erfolgs aber, d. h. die
Bahn, auf welcher z nach d gekommen ist, finden wir durch die
Betrachtung, daß ein so allgemeines Gesetz in einem Zeitaugenblick ebenso gut gelten muß, wie in jedem andern. Man wird
also auch dieselbe Construction für jede beliebige Theile von za
und zb, die sich zu einander verhalten wie die ganzen Längen
dieser Linien, wiederholen können. D. h: z. B. nach der halben
Zeiteinheit wird z sich an dem Punkt δ befinden, welcher aus der
Durchschneidung von $\beta \delta$ und $\alpha \delta$, den Parallelen zu $z\alpha = \frac{1}{2} za$
und $z\beta = \frac{1}{2} zb$, entsteht. Dies weiter fortgesetzt zeigt, daß die
Diagonale des Parallelogramms zadb alle die successiven

Orte enthält, an welchen sich das bewegte z in den auf einander folgenden Augenblicken der Zeiteinheit t befindet, d. h. daß zd die Bahn von z, und zugleich die Länge von zd die resultirende Geschwindigkeit von z für dieselbe Zeiteinheit t ist.

§ 14.

Derselbe Gedanke läßt noch einen andern Ausdruck zu. Die Beweisversuche für das 'Parallelogramm' werden oft eingeleitet durch die Bemerkung: wenn die beiden Seitenbewegungen za und zb einander gleich sind, so verstehe sich von selbst, daß die resultirende Bahn R den Winkel bza halbire, weil 'kein Grund sei', warum sie dem einen Schenkel desselben näher liegen sollte, als dem andern.

Will man nun genau sein, so muß diese blos negative Aussage, es mangle an einem solchen Grunde, aus welcher an sich gar nichts folgen würde, durch den positiven Gedanken ergänzt werden, etwas müsse jedenfalls geschehen, d. h. die beiden Bedingungen, die hier zusammentreffen, können nicht wegen ihrer Verschiedenheit wirkungslos sein, sondern müssen beide zu ihrem Recht kommen, und, da sie gleich sind, beide einen gleichen Antheil an der Wirkung haben.

Dann aber läßt sich dieser Gedanke sofort verallgemeinern. Auch wenn die Seitenbewegungen za und zb nicht gleich sind, sondern verschiedene Werthe haben, werden sie die wirkliche Bahn R so bestimmen, daß der Abstand derselben von der Bahn za zu dem Abstand derselben von zb sich ebenso verhält, wie die Größe der Bedingungen, die diese Abstände oder Ablenkungen hervorbringen, d. h. wie zb zu za. Diese Abstände selber aber kann man nur so messen, daß man unter denselben die Entfernungen versteht zwischen den Punkten, welche z in seiner Bahn za oder zb erreicht haben würde, und demjenigen Punkte, den es in der gleichen Zeit in der resultirenden Bahn R wirklich erreicht. So gemessen sind diese Abstände (unter einer Voraussetzung)

nichts weiter, als die beiden ergänzenden Seiten des Parallelogramms z a d b.

Diese Voraussetzung besteht nämlich darin, daß wir annehmen, diese Ablenkungen seien nicht blos proportional den ab-
lenkenden Bedingungen, sondern ihnen gleich; d. h. also: daß
durch die Zusammensetzung zweier Bewegungen oder Geschwindigkeiten als Maximum (nämlich dann, wenn beide gleiche Richtung
haben) nur die Summe von beiden, aber keine größere Wirkung,
entstehen kann, als Minimum aber (wenn beide einander gerade
entgegengesetzt sind) nur die Differenz beider, und keine kleinere
Wirkung; endlich daß, wenn beide einen Winkel einschließen, die
entstehende Resultante weder größer noch kleiner sein kann, als
der Effect, welcher entsteht, wenn wir die beiden Bewegungen so
zusammensetzen, daß sie, wie früher bemerkt, successiv von z
ausgeführt werden.

Für diese Voraussetzung aber ist es unmöglich, einen eigentlichen Beweis aufzustellen; sie kann nur als eine an sich wahr-
scheinliche und als die einfachste von allen Annahmen gelten.
Sie erweitert die früher gemachte Bemerkung, daß in dem Resultat
des Zusammenwirkens zweier Bedingungen nichts von ihren Einzel-
erfolgen verloren gehe, durch den Zusatz, daß auch nichts hinzu-
komme; daß also in dem Gesammterfolge der Specialerfolg jeder
einzelnen Bedingung weder mit größerem noch mit kleinerem Werthe,
sondern mit demselben enthalten ist, den sie gehabt haben würde,
wenn sie allein gewirkt hätte.

Der Grundgedanke dieser Sätze läßt sich noch anders ausdrücken: Wenn in z zwei Bewegungsantriebe zusammentreffen,
welche einzeln die Bewegungen p und q hervorbringen würden, so
wird durch das Zusammentreffen die Tendenz beider Antriebe nicht
so geändert, daß sie jetzt zwei andere Bewegungen π und x hervorzubringen strebten, und die Resultante K erst aus diesen beiden

mobificirten Bewegungen zusammenzusetzen wäre. Vielmehr wird jede der beiden ursprünglichen Bewegungen p und q den Körper z so zu bewegen streben, als wäre die andere gar nicht vorhanden, und R wird unmittelbar aus p und q nach den gegebenen Regeln zusammenzusetzen sein.

So lange man z lediglich als das Substrat der Bewegung ansieht, welches sonst keine weitere specifische Natur hat, ist dieses Verhalten wahrscheinlich und fast selbstverständlich. Dagegen versteht es sich nicht von selbst, daß auch alle andern, etwa inneren, Zustände, die einem realen Element widerfahren können, sich ebenso gleichgültig gegen einander verhalten. Wohl aber wird man auch in Bezug auf sie diese Hypothese immer versuchen, weil nur sie allein uns eine ausführbare Erklärung und Vorausberechnung der Naturvorgänge verspricht.

Zweites Kapitel.
Von den bewegenden Kräften.
§ 17.

Mit vollkommenster Anschaulichkeit liegt uns in der gewöhnlichen Beobachtung die Erzeugung einer neuen Bewegung in der **Mittheilung** derselben durch **Stoß** vor. Allein eine Zergliederung dessen, was wir **denken** müssen, um diesen sogenannten Vorgang zu begreifen, führt sogleich auf eine Reihe nicht ganz leicht zu behandelnder Begriffe.

Wenn das Element z in einem Punkte seiner Bahn das ruhende reale Element y antrifft, so muß man vor allem eine Unburchbringlichkeit des y vorstellen, durch welche z gehindert wird, zugleich mit y an demselben Punkt des Raums zu sein.

Wäre nun nichts weiter hinzuzudenken, so würde **logisch** blos daraus folgen, daß die Bewegung des z aufhören muß, wenn es den Punkt y erreicht, in den es nicht eindringt und durch den hindurch es folglich auch die andern Punkte seiner Bahn nicht mehr erreichen kann. Allein wir wissen, daß in **Wirklichkeit** zwei ent-

gegengeſetzte Forderungen an daſſelbe Element doch immer ſich vertragen und eine Reſultante geben müſſen, in welcher beide zu dem
ihnen gebührenden Rechte kommen.

Natürlich beſteht dieſes Abkommen darin, daß y ſeinen Ort
verläßt, wodurch ſowohl ſeine Undurchdringlichkeit, als auch die Bewegung des z aufrechterhalten wird.

§ 18.

Dieſe logiſche Expoſition trifft aber gar nicht mit der Wirklichkeit zuſammen. Denn in dieſer finden wir nicht blos die Mittheilung einer Geſchwindigkeit von dem bewegten Element z an das
ruhende Element y, ſondern zugleich eine entſprechende Verminde-
rung der urſprünglichen Bewegung des z. Nach unſerer vorigen
Betrachtung dagegen wäre hierzu kein Grund, vielmehr würden die
beiden widerſtreitenden Forderungen am vollſtändigſten ausgeglichen,
wenn nach dem Stoß beide Elemente z und y ſich mit der unver-
minderten Geſchwindigkeit von z fortbewegten.

Jener Verluſt läßt ſich nach dem Vorigen nur dadurch begreifen, daß die verminderte Geſchwindigkeit des ſtoßenden Körpers
die Reſultante aus ſeiner früheren und aus einer neuen in ent-
gegengeſetzter Richtung ihm mitgetheilten Geſchwindigkeit iſt. Dieſe
letztere hat aber kein anderes Motiv, als die Gegenwart des ge-
ſtoßenen Körpers; es theilt alſo nicht blos der bewegte Körper dem
ruhenden, ſondern auch der ruhende dem bewegten eine Geſchwindigkeit mit, oder vielmehr, da er dieſe nicht hat, ſo erzeugt er ſie
in jenem.

Dieſen Vorgang ſtellt man nun freilich viel kürzer unter dem
Bilde einer Theilung und Mittheilung der in z enthaltenen
Bewegung vor. Aber es iſt leicht einzuſehen, daß dieſes Bild blos
ein bequemer Ausdruck für das Reſultat des hier ſtattfindenden
Vorgangs, aber keine Angabe des wirklichen Hergangs ſein kann,
durch den dieſes Reſultat entſteht. Denn es iſt undenkbar, Bewegung oder Geſchwindigkeit, die immer blos als Zuſtand oder

Vorgang in oder an einem realen Element stattfinden kann, als
etwas zu betrachten, was von diesem Element z ganz oder theil-
weise sich loslösen, dann einen Augenblick als Bewegung, aber als
Niemandes Bewegung, zwischen z und y existiren, oder selbst
wieder in Bewegung gerathen und von z nach y 'übergehen' könnte.
Wäre sie aber wirklich nach y gekommen, so fragt es sich noch immer,
warum sie dieses in Bewegung setzte, d. h. warum sie, die einen
Augenblick zuvor Niemandes Zustand war, jetzt zum Zustand dieses
y wird.

§ 19.

Das Resultat dieser Betrachtung ist dieses, daß wir die Undurchdringlichkeit der Elemente nicht blos als eine ihnen angehörige
Eigenschaft, als einen Character indelebilis derselben, ansehen
dürfen. Denn so aufgefaßt erlaubt sie gar keinen Schluß auf
das, was geschehen wird, wenn sie irgend einem andern Vorgang
widerspricht. Sie muß nicht blos da sein, sondern etwas leisten.
Und da diese Leistung hier in der Erzeugung einer Bewegung besteht, durch die ein anderes Element entfernt wird, so haben wir
sie als eine zurückstoßende Kraft aufzufassen.

Hiermit scheint zunächst blos ein neuer Name gewonnen,
über dessen eigentlichen Sinn später viel zu untersuchen sein wird.
Aber wir können doch schon hier unsere früheren Vorstellungen
ganz umkehren und behaupten: die Körper stoßen einander nicht
zurück, weil sie undurchdringlich sind, sondern zuerst fließt aus
ihrer Natur die zurückstoßende Wirkung, die sie ausüben, und eben
weil sie dieselbe ausüben, sind sie gegen einander undurchdringlich.

§ 20.

Einstweilen abgesehen von den sonstigen Dunkelheiten des
Begriffs der 'Kraft', läßt sich fragen, unter welchen anschaulichen
Bedingungen wir ihre Ausübung geschehend denken müssen, um die
gegebenen Thatsachen der Erfahrung zu begreifen.

Nun ist die gewöhnliche Meinung, die durch die oberfläch-
liche alltägliche Erfahrung bestätigt wird: daß zwei Körper nur
in der Berührung auf einander wirken, d. h. hier: sich zurück-
stoßen.

Der Begriff der Berührung ist nun unzweideutig in Bezug
auf bloße Raumgebilde; er bedeutet dann, daß diese die Punkte,
die Linien oder Flächen gemeinsam haben, in denen sie sich berühren. Um so zweideutiger wird der Begriff,' wenn er auf real
erfüllte Räume, also auf Körper, angewendet werden soll. Zwei
einander berührende Körper können keinen Punkt ihres Umrisses
gemeinsam haben, ohne daß man den Begriff der Unburchdring-
lichkeit der realen Elemente und damit eine Bedingung für die
Möglichkeit einer Bewegungsmittheilung wieder aufhebt.

Wollten wir nun in der That annehmen, zwei reale Punkte z
und y zweier Körper seien bei der Berührung in einander, diejenigen aber, die außer einander bleiben, seien ohne alle Wirkung, so
kann ein Bewegungseffect überhaupt nicht entstehen. Denn mit welcher
Intensität auch jene beiden Punkte einander abstoßen (oder auch anziehen) möchten, so würden sie doch nie von einander loskommen
(oder sich noch mehr nähern), da die Abstoßung nach allen Richtungen gleich stark erfolgen und es also keine einzige Richtung geben
würde, in welcher die Trennung beider eher als in jeder andern
geschehen könnte. Es bleibt hierbei gar nicht ausgeschlossen, daß die
beiden in einander befindlichen Punkte sehr starke Wirkungen auf
einander ausüben; nur können diese Wirkungen nicht in Erzeugung
von Bewegung, sondern sie müßten in uns unbekannten inneren
Zuständen bestehen. Auch der Versuch würde nichts helfen, die Berührung als ein Aneinander von einem Ineinander zu unterscheiden. Denn wie man auch diesen Begriff definiren möchte, so
bleibt die vorige Schwierigkeit: eine bestimmte Richtung, in welcher
die Abstoßung erfolgen könnte, setzt immer eine Linie von bestimmter
Lage voraus, an deren Endpunkten sich die beiden wirkenden Elemente befinden, d. h. eine Entfernung zwischen ihnen.

§ 21.

Ganz im Gegensatz zur gewöhnlichen Anschauung, die nur Wirkung in der Berührung möglich findet, müssen wir daher behaupten, daß jede Kraft Bewegung blos hervorbringen kann, wenn sie in die Ferne wirkt.

Nachdem nun einmal dies für irgend eine Entfernung zugestanden ist, gibt es durchaus keinen Grund, warum nicht die Wirkung sich auf jede Entfernung, also in's Unendliche erstrecken sollte; denn keine Kugelfläche, die man mit dem Radius r_1 um den wirkenden Punkt beschriebe, würde vor irgend einer andern mit r_2 beschriebenen einen Vorzug haben, durch den sie ausschließlich zur Grenzfläche für jene Wirkung werden müßte.

In der That macht man nun diese Voraussetzung in der Physik wirklich, zugleich aber gilt für klar, daß die Intensität einer wirkenden Kraft nicht in allen Entfernungen gleich sei, sondern mit der Entfernung sich ändern, und zwar mit der wachsenden Entfernung abnehmen müsse. Nach welchem Maßstab aber diese Abnahme erfolge, sei nicht a priori bestimmbar, sondern auf Grund der Erfahrungen, die zur Annahme einer Kraft nöthigen, müsse man jedesmal auch das Gesetz bestimmen, nach welchem ihre Intensität mit der Entfernung sich ändert. — Nehmen wir an, daß die Kraft im umgekehrten Verhältniß einer sehr hohen Potenz der Entfernung steht, so wird ihre Wirkung bei großer Annäherung sehr beträchtlich, dagegen bei einer gewissen endlichen Entfernung e, zwar nicht wirklich Null, aber so klein sein, daß sie für unsere Berechnung der Ereignisse als Null betrachtet werden kann.

§ 22.

Lassen wir diese hergebrachten Begriffe gelten und fragen nach dem Vorgang bei der Mittheilung der Bewegung.

Wollten wir nun annehmen, es wirke keine Zurückstoßung und wollten es den Elementen überlassen, selbst zuzusehen, wie sie trotzdem ihre Undurchbringlichkeit in der Berührung zu Stande

2*

brächten, so würde im Augenblick der Berührung z dem y, das wir völlig gleich z voraussetzen, die Hälfte seiner Geschwindigkeit m übertragen. Denn da hierauf beide mit gleicher Geschwindigkeit und in gleicher Richtung fortgingen, so fällt jede Veranlassung zu einer weiteren Einwirkung des z hinweg. — Dies ist in der That der einfachste Fall dessen, was man unelastischen Stoß nennt. Allein man scheut sich doch, die Sache so anzusehen. Denn es müßte dann die ganze Geschwindigkeit $\frac{m}{2}$ in einem Augenblick ohne Dauer auf y übergehen, und dies würde dem allgemein anerkannten, vorläufig hier blos anzuführenden Satze widersprechen, daß jede endliche Geschwindigkeit zu ihrer Erzeugung immer einer endlichen, wenn auch noch so kleinen Zeit bedürfe. Ein solcher Zeitverlauf könnte aber unter diesen Voraussetzungen (der Undurchbringlichkeit und des Nichtvorhandenseins der Kraft) nicht zugestanden werden, weil sich durchaus nicht vorstellen läßt, in welchem wirklichen Zustande sich z und y vor dem völligen Ablauf derselben eigentlich befinden sollten.

Gehen wir nun von der anderen Annahme aus: zwischen den ganz gleichen Elementen z und y finde eine Abstoßung statt, welche bei der Entfernung e, gleich Null gesetzt werden darf. — Hat nun z in dieser Entfernung die Geschwindigkeit v, so wird sie bei weiterer Annäherung durch die Abstoßung vermindert und wird = v—d. Für irgend eine bestimmte Entfernung e, wird v—d = d, nämlich gleich der Geschwindigkeit sein, welche seinerseits z durch seine zurückstoßende Kraft dem y mitgetheilt hat. Von da an würden z und y sich in gleicher Richtung weiter bewegen. Allein bei dieser Entfernung e, ist die Abstoßung beider noch sehr wirksam, und zwar so lange wirksam, bis z und y wieder in die Entfernung e, von einander getrieben worden sind. Hierzu ist, nur in umgekehrter Weise, derselbe Kraftaufwand nöthig, durch den beide von e, in die Entfernung e, kamen, d. h. die hierdurch in y erzeugte Geschwindigkeit d muß mit entgegengesetztem Werthe zu der jetzt bestehenden Geschwindigkeit von z, welche ebenfalls = d ist, hinzugefügt werden.

Daraus folgt, daß z zur Ruhe kommt, y aber mit der ganzen anfänglichen Geschwindigkeit v des z fortgeht.

Dies ist der einfachste Fall dessen, was man elastischen Stoß nennt, und wobei der stoßende Körper dem ruhenden seine ganze Geschwindigkeit überträgt. — Man behandelt diesen Fall gewöhnlich nur mit Rücksicht auf zusammengesetzte Körper, nimmt an, daß die Theilchen derselben sich beim Zusammentreffen beider verschieben, und daß dann beide Körper gegen diese Formänderung eine Rückwirkung entfalten, aus welcher der obige Erfolg entsteht. Allein eben diese Verschiebung und Rückwirkung würde im Kleinen bereits dieselbe Mittheilung der Bewegung einschließen, die man durch sie im Großen zwischen den beiden ganzen Körpern erklären will. Deswegen versuchten wir diese Construction unter Annahme zweier untheilbarer Elemente, auf welche der Begriff der Elasticität keine Anwendung hat.

Ist v sehr groß im Verhältniß zu e, und zu demjenigen d, welches in der gleichen Zeiteinheit aus der Zurückstoßung als Abnahme der Geschwindigkeit entsteht, so wird die Annäherung des z an y sehr groß, und es wird das Phänomen des Stoßes entstehen können, in welchem die beiden Körper sich bis zur Berührung zu nähern scheinen, obgleich sie in Wahrheit bei einer unmerklich kleinen Zwischenentfernung bereits wieder aus einander weichen.

§ 23.

Dies Alles war gesagt unter der Voraussetzung, die Abhängigkeit der Intensität einer Kraft von der Entfernung sei unbedenklich und selbstverständlich.

Die Naturphilosophie hat indessen dies nicht geglaubt, sondern häufige Versuche gemacht, die Gesetze dieser Abhängigkeit, und namentlich das von Newton gefundene der Gravitation, welches sie für das allgemeine Gesetz aller Kräfte hielt, a priori zu deduciren. Man dachte sich die Kraft mit irgend einer Intensität g aus dem Punkte z, dem Sitze des realen Elementes z, allseitig

ausströmend, und dann um z herum in Kugelschichten vorhanden, deren Oberflächen sich wie die Quadrate der Radien verhalten. In demselben Maß schien nun mit der zunehmenden
Oberfläche die Verdünnung der Kraft zunehmen, ihre Wirkung
abnehmen zu müssen. Daher stand ihre Intensität im umgekehrten Verhältniß der Quadrate der Radien z p, d. h. der Entfernung
des wirkenden Elements z von dem Element p, auf welches
es wirkt.

Diese Vorstellung von einem 'Ausströmen' der Kraft ist an
sich schon ganz unzulässig, hilft aber auch gar nichts. Denn zunächst
würde hierdurch blos der Ort verändert, von wo aus die Kraft
wirkt, es bleibt dagegen ganz unklar, wie sie es nun anfängt, das
Element p zu bewegen, wenn sie bis an den Ort p gekommen
ist. Wollte man nun annehmen, dies geschehe durch einfache Mittheilung ihrer eignen Bewegung, so könnte eine in der Richtung
z p sich bewegende Kraft dem Element p unmöglich eine Bewegung
in der entgegengesetzten Richtung p z mittheilen. Es würden
also höchstens Abstoßungs-, aber nicht Anziehungskräfte so zu erklären sein. Läßt man aber das 'Strömen' bei Seite und betrachtet jedes Element der ausgeströmten Kraft nur als befindlich an
dem Orte, wohin es gekommen ist, so würde es nach allen Richtungen hin selbst als ein Mittelpunkt neuer Anziehung wirken.
Wollte man endlich aus allen Punkten eines Kugelraumes die Resultante der Anziehungen oder Abstoßungen bilden, welche irgend
ein Element p erfährt, so würde diese allerdings durch den Mittelpunkt z gehen, von welchem die Kraft ausströmt; allein man müßte
dann diesen Einzelkräften ein anderes Gesetz der Wirkung unter-
legen, um, wenigstens in Bezug auf die Gravitation, mit der Erfahrung in Einklang zu bleiben.

§ 24.

Alle andern Versuche übergehen wir; die Physik ermahnt uns,
sie überhaupt zu unterlassen, und den Begriff der Kraft nur in
dem Sinn zu brauchen, in welchem sie es thut.

Es ist immer umständlich, diesen Begriff als Begriff zu definiren; sehr leicht ist dagegen, die Bedeutung des Satzes zu erklären, 'z habe eine Kraft'. Man drückt damit blos die Behauptung aus: wenn das reale Element z mit irgend einem andern
y in eine bestimmte Beziehung c tritt, so entstehe allemal die Nothwendigkeit eines neuen Ereignisses m, welches als Aenderung in
dem Zustand des y sowie des z erscheine. Diese in Zukunft be-
vorstehende Nothwendigkeit des Ereignisses m verlegt man nun, um
einen bequemen Sprachgebrauch zu haben, in die beiden Elemente z
und y als etwas in ihnen schon vorhandenes, und nennt sie die Kraft,
mit welcher jedes in dem andern eine Wirkung hervorzubringen strebt.

Die an sich ganz unrichtigen Vorstellungsweisen, die sich an
diesen Ausdruck knüpfen, sind in der Praxis der Physik ganz un-
schädlich. Denkt man sich die Kraft als eine immerfort dem z inhärirende Eigenschaft (was sie in der That nicht sein kann), so
wird doch die Kraft niemals Gegenstand einer Untersuchung, so
lange sie nicht wirkt; sobald sie aber als wirkend gedacht wird, muß
nothwendig die Untersuchung allemal auch das zweite Element er-
wähnen, auf welches sich die Wirkung erstreckt, sowie die bestimmte
Beziehung c, unter der sie allein zu Stande kommt, und mit deren
Aenderung sie sich ändert.

Man kann also sagen: Kraft ist die Fähigkeit und Nöthigung
zu einer bestimmten Art und Größe der Leistung, welche für das
reale Element z in dem Augenblick entsteht, in welchem es zu einem
zweiten y in eine bestimmte Beziehung c tritt.

§ 25.

So vollkommen dieser Begriff der Kraft und seine Anwendung
für die Einzeluntersuchungen der Naturwissenschaften ist, so deckt er
doch philosophische Bedürfnisse gar nicht.

Daß man diese überhaupt aufgeben müsse, weil zwischen den
Begriffen von Kraft und Raum kein Zusammenhang bestehe, der
a priori die Ableitung eines derartigen Wirkungsgesetzes gestatte,

geben wir nicht ohne Weiteres zu. Denn in Wirklichkeit findet doch diese Abhängigkeit der Kraftgröße von der Entfernung wirklich statt; es muß daher auch sachlich irgend welche Vermittlungsglieder geben, durch welche dies Verhalten begründet und nothwendig gemacht wird. Ein Zusammenhang aber, der in der Sache jedenfalls statt- finden muß, kann nicht von vorn herein als unauffindbar für die Erkenntniß betrachtet werden.

Jedenfalls muß man, um eine solche Vermittlung zu finden, die Voraussetzungen vollkommen durchdenken, die man nothwendig machen muß, um den Thatbestand zu begreifen. Dahin gehört Folgendes.

Man drückt sich kurz so aus: die Intensität der Kraft, die z auf y ausüben soll, richte sich nach der Entfernung des y von z. Nun ist die Entfernung zy zunächst nichts weiter als die Vor- stellung, die ein Beobachter sich bildet, indem er den räumlichen Ort des y durch Ausgehen von dem Ort des z zu erreichen sucht und sich dabei der Größe der Veränderung bewußt wird, die der Zustand seiner Sinne hierbei erfährt. Allein für die Elemente z und y bedeutet diese Entfernung noch gar nichts; und wie sehr man auch behaupten mag, sie bestehe zwischen z und y, auch wenn Niemand sie beobachte, so besteht sie doch für z und y noch durch- aus nicht in der Art, daß sie für z ein Grund sein könnte, um sich nach ihrer Größe p oder q zu richten. Oder einfacher gesagt: wenn z sich nach der Entfernung richten soll, so muß diese nicht blos bestehen, sondern z von ihr etwas merken, d. h. selber von ihr innerlich anders afficirt sein, wenn ihre Größe p, und an- ders, wenn sie q beträgt.

Wir kommen hierdurch auf eine veränderte Auffassungsweise des ganzen Verhältnisses. Wir sind genöthigt, in den realen Ele- menten z und y innere Zustände irgend welcher Art anzu- nehmen, welche den räumlichen Entfernungen entsprechen und das nächste wirksame Glied sind, von dem die Größen der bewegenden Kräfte, welche die Elemente ausüben, in jedem Augenblick entspringen.

Sie richten sich also eigentlich nicht nach den Entfernungen, sondern nach der Natur und Größe ihrer eigenen inneren Zustände, von denen wir vorläufig blos annehmen, daß sie irgendwie den Entfernungen corresponbiren. Wir sprechen daher auch nicht mehr von bewegenden Kräften, die als solche, ad hoc, zum Zweck der Bewegung, den Elementen eingeprägt wären, sondern diese Kräfte sind die Wirkungsweisen, die jedem realen Element in jedem Augenblick wegen seiner eigenen innern Erregungen und wegen des Verhältnisses derselben zu den Erregungen aller anderen Elemente nothwendig werden. — Näheres hierüber im nächsten Kapitel.

Drittes Kapitel.
Masse, Materie und Raum.
§ 26.

Die Nothwendigkeit, auf innere Zustände des Realen zurückzukommen, welches das Subject der Bewegung und der Kräfte bildet, veranlaßt uns zunächst die Begriffe über die Natur desselben, d. h. der Materie, durchzugehen.

Hierbei setzen wir voraus, die Beschäftigung mit der Physik habe hinlänglich gelehrt, daß die Annahme unzählig vieler sinnlich nicht mehr wahrnehmbarer materieller Elemente, der Atome, vollkommen unentbehrlich ist, um eine genaue Erklärung der höchst mannigfaltigen Unterschiede und der wechselnden Zustände der Körper möglich zu machen.

Allein dieser Begriff der Atome ist in der neueren Physik nur soweit genau definirt, als es zum wirklichen Gebrauch in den einzelnen Untersuchungen nöthig ist. Es ist daher zweifelhaft, oder wird häufig dahin gestellt gelassen, ob man den Atomen ernstlich Gestalt und Ausdehnung zuschreiben will, oder ob man, mit Umgehung dieser Frage, sie blos als Mittelpunkte aus- und eingehender Kräfte betrachten will. Benutzt werden sie bis jetzt hauptsächlich in dieser letzten Bedeutung. Wo man dagegen auf

Gestalt der kleinsten Bestandtheile der Körper provocirt, pflegt man auch diese Bestandtheile noch nicht für die letzten, sondern selbst noch als Zusammensetzungen von Atomen anzusehen.

§ 27.

Abgesehen davon, daß Atome mit Ausdehnung, Gestalt und Undurchbringlichkeit im Grunde nichts anderes sein würden, als kleine Körper, aus deren Verhältnissen man dann die großen zusammensetzt, keineswegs aber Elemente, durch deren Verhalten das erst entsteht, was man Körper nennt, scheint sich zeigen zu lassen, daß Ausdehnung und Gestalt mit dem Begriff eines letzten, einfachen realen Elements überhaupt unvereinbar ist.

Nämlich welche Gestalt oder Ausdehnung wir auch immer einem Atom als unveränderliche Eigenschaft beilegen wollten, so würde sie immer voraussetzen, daß es in dem geometrischen Raume, den die Gestalt einnimmt, Punkte gibt, welche dadurch, daß sie von Realem erfüllt sind, sich vom leeren Raume unterscheiden. Zugleich aber müßte jeder von diesen seine Lage zu den übrigen und seine Entfernung von ihnen gegen jede Veränderung vertheidigen. Jeder dieser Punkte würde mithin selbst ein von den übrigen unabhängiges, mit ihnen blos in Wechselwirkung stehendes Wesen sein; das ganze Atom aber, dessen Gestalt auf diese Weise entstände, wäre kein einheitliches Wesen, sondern ein Aggregat oder ein geordnetes System von vielen.

Auch andere Gründe würden sich gegen die Annahme anführen lassen, ein seinem Begriffe nach durchaus einheitliches Wesen könne doch in Gestalt einer stetigen räumlichen Ausdehnung erscheinen. Man müßte dann nothwendig definiren, an welchem Kennzeichen oder durch welche Leistung man das erkennen könne, was man hier Einheit nennt. Sie könnte nun gewiß blos darin bestehen, daß jeder Zustand, der dies Wesen träfe, Zustand des ganzen Wesens wäre, daß also jede Veränderung, welche zuerst blos den einen Punkt der räumlichen Erscheinung des Wesens träfe, sofort auch Veränderung aller übrigen Theile derselben wäre, nicht aber sich von einem Theile zum andern in irgend einem Zeitverlauf erst fortzupflanzen nöthig hätte. Denn damit würde zugestanden sein, daß in demselben Zeitaugenblick verschiedene Theile der Raumerscheinung dieses Wesens sich in verschiedenen Zuständen befänden, die sie einander nach und nach übertragen, und es würde durchaus nicht abzusehen sein, worin dann noch die Einheit dieses Wesens bestände, und was sie voraus habe vor einer Verbindung vieler selbständiger Theile, zwischen denen, wenn sie durch Wechselwirkung mit einander verbunden sind, genau eben diese Vorgänge stattfinden müssen. — Eine solche Annahme aber, eine Veränderung, welche das eine Ende des Durchmessers eines kleinen Volumens träfe, werde sich in der Zeit Null oder mit einer unendlichen Geschwindigkeit bis an das andere Ende derselben verbreitet haben, ist gegen alle Anschauungen der Mechanik.

§ 28.

Es würde nun dieser Annahme discreter Atome die Aufgabe obliegen, die scheinbare stetige Ausdehnung der Körper zu construiren.

Daß hierin gar keine Schwierigkeit liegt, und in der That jede stetige Ausdehnung als blos scheinbar betrachtet werden kann, beweisen die Erfahrungen, nach denen das bewaffnete Auge in der That stetige Flächen und Linien in Systeme von discreten Elementen auflöst.

Wenn daher, namentlich in der deutschen Philosophie, dem Atomismus mit gewisser Leidenschaftlichkeit eine so genannte dynamische Lehre, d. h. die Behauptung der stetigen Raumerfüllung entgegengesetzt worden ist, so kann der treibende Grund nur darin gesucht werden, daß der frühere Atomismus selbst principiell unvollendet war, die kleine Ausdehnung der Atome als unveränderliche Eigenschaft und den ganzen Verlauf der Naturvorgänge als äußerliche Mittheilung von Bewegungen zwischen diesen ganz unthätigen Elementen ansah. Dieser mechanischen Ansicht, wie man sie nannte, wurde die dynamische mit der Absicht entgegengestellt, den Naturlauf als das Resultat einer aus dem Innern der Dinge entspringenden lebendigen Wechselwirkung zu begreifen. Deshalb sollte auch die Ausdehnung nur als das Product zweier Kräfte, einer Repulsion und einer Attraction, begriffen werden.

Der Grundgedanke dieser von Kant vertretenen Ansicht ist auch der unsrige. Eine Nothwendigkeit aber, diese Lebendigkeit durchaus an eine stetig ausgedehnte Materie, und nicht an Atome zu knüpfen, besteht nirgends. Wohl aber hat Kant's Lehre den Uebelstand, daß sie nicht sagt, wer eigentlich das Subject dieser beiden Kräfte ist. Ist es schon Materie, dann ist diese Lehre keine 'Construction der Materie' mehr, sondern zeigt blos, wie die schon bestehende Materie sich weiter, gegen andere ihres Gleichen, verhält. Ist aber dies Subject noch nicht Materie, sondern erlangt die Eigenschaften der Materialität erst durch die Ausübung beider Kräfte, so wird man eben darauf geführt, das Reale in der Materie zunächst als ein übersinnliches, kraftausübendes, an sich ausdehnungsloses Wesen zu betrachten.

§ 29.

Ein anderer Grund des Widerstrebens gegen den Atomismus liegt darin, daß allerdings die Ausdehnung zunächst das charakteristischste Kennzeichen der Materie ist. Man zweifelt an der Denkbarkeit eines Realen, dem diese Eigenschaft von Haus aus nicht zukommt.

Gleichwohl aber setzt man in praxi doch wieder das voraus, was man theoretisch bezweifelt. Denn die Ausdehnung behandelt man zwar als ein Anzeichen, aber nicht als einen Beweis der Materialität. Erst dann ist ein bestimmter Raum nicht blos von einer sinnlichen Erscheinung, sondern von einem Realen erfüllt, wenn er Widerstand leistet gegen alle Kräfte, die seine Gestalt oder seinen Ort zu ändern suchen.

Dieser Widerstand nun, die Handgreiflichkeit, kann nicht von dem leeren Raum ausgehen, und auch nicht von ihm dem Realen geschenkt werden, welches durch seine eigene Natur unfähig wäre, ihn zu leisten. Vielmehr muß die Quelle desselben in der qualitativen Natur des Realen selbst liegen. Die scheinbare oder wirkliche Ausdehnung des Realen dagegen würde nicht dazu beitragen, die Natur dieses Realen überhaupt erst zu constituiren, oder sie fertig zu machen, sondern würde immer blos die Ortsbestimmung sein, welche zeigt, wo sich die an sich selbst fertige übersinnliche wirksame Natur des Realen befindet.

Es liegt daher gar nichts Unmögliches in diesem Gedanken eines unausgedehnten, dennoch reellen, qualitativ bestimmten Wesens. Seine Qualität werden wir freilich niemals sinnlich wahrnehmen. Ueber ihre Natur im Allgemeinen stellen wir die folgenden Ueberlegungen an.

§ 30.

Körper von demselben Volumen leisten häufig einer und derselben bewegenden Kraft verschieden große Widerstände.

Die anschaulichste Interpretation dieses Verhaltens liegt in der Annahme, daß in allen Körpern qualitativ dieselbe Materie, aber in gleichem Raumvolumen in verschiedenen Mengen vorhanden sei — eine Vorstellung, welche die eine Theorie sich weiter durch verschiedene Dichtigkeit der stetigen Raumausfüllung, die andere durch verschiedene Anzahlen der untheilbaren Elemente in demselben Raum erklärt.

Nothwendig ist diese Ansicht nicht, sondern ebenso möglich, sich ursprünglich verschiedene, qualitativ auf einander gar nicht reducirbare Elemente zu denken, die aber doch an gewissen allgemeinen Verhaltungsweisen gemeinsam theilnehmen, dabei aber ihre eigenthümliche Natur durch die Intensität ihrer Theilnahme geltend machen. Es würde ebenso sein, wie bei verschiedenen Handelswaaren, die nicht aus einem und demselben Geldstoff bestehen, dennoch aber alle rücksichtlich ihres Verhaltens im Handelsverkehr auf beſtimmte Geldwerthe zurückzubringen ſind, und als ſolche Werthe mit einander ausgetauſcht werden.

Bezeichnet daher für die gewöhnliche Anſicht die Maſſe eines Körpers die Menge des in ihm vereinigten Realen, ſo bedeutet ſie für uns die Intenſität, mit welcher dieſer Körper an den allgemeinen Gegenwirkungen der Körper theilnimmt, und wir denken ſie uns als die Summe der entſprechenden Intenſitäten, die der ſpecifiſchen Natur der in ihm vereinigten Elemente zukommen.

Dabei iſt ferner noch zu beachten, daß es ſich nicht von ſelbſt verſteht, daß zwei Elemente oder zwei Körper, die in Bezug auf eine zwiſchen ihnen ſich äußernde Kraft A ſich wie m : n verhalten, auch in Bezug auf jede andere Kraft B ſich als Maſſen von demſelben Verhältniß m : n zeigen müſſen. Es könnte vielmehr vorkommen, daß in Bezug auf ein drittes Element und in Bezug auf die Kraft B jene beiden ſich jetzt als die Maſſen m und q verhielten. Man kann dann immer, dem Ausdruck nach, auf die gewöhnlichen Vorſtellungen zurückkommen, indem man q = pn ſetzt und p als einen 'ſpecifiſchen Coefficienten' betrachtet, der aus den Erfahrungen zu ermitteln ſein würde. — Es bleibt hier dahingeſtellt, ob dies letztere Verhalten irgendwo, z. B. bei chemiſchen Vorgängen, wirklich ſtattfindet, und ob nicht das einfachere ganz allgemein gilt, wonach zwei Elemente, die in Bezug auf die eine Kraft ſich wie m : n verhalten, ſich auch in Bezug auf jede andere Kraft (gegen ein drittes Element) ebenſo verhalten.

§ 31.

Bisher folgten wir der gewöhnlichen Meinung, für welche der Raum ſich außer uns wirklich ausdehnt, die Dinge aber und wir ſelbſt ihre Plätze in ihm haben. Philoſophiſch iſt ſeit Kant der entgegengeſetzte Gedanke nicht wieder vergeſſen worden, nach welchem der Raum nur eine ſubjective Form unſerer Anſchauung, die Realität dagegen, welche in dieſer Form angeſchaut wird, an ſich eine raumloſe iſt.

Innerhalb der Mathematik hat dieser Gedanke neuerdings dadurch Zustimmung gefunden, daß man den Einfall weiter verfolgte, zu sehen, was da wird, wenn man einen Raum von mehr als drei, also von m Dimensionen annimmt. Diese Annahme war nicht zu machen, wenn man nicht diejenige Raumanschauung, welche wir besitzen, als eine blos subjectiv-menschliche Auffassungsform ansah, neben welcher es andere in anderen Geistern geben kann. Allein diese Betrachtungen sind für die Naturphilosophie nicht fruchtbar.

Zunächst kann man zwar sich ein Ordnungssystem denken, in welchem jedes Glied durch beliebig viele, also durch m von einander unabhängige Größen oder Coordinaten bestimmt wird. Allein man hat gar kein Recht, das Allgemeine, dessen bestimmter Werth eine solche Coordinate sein würde, eine Dimension zu nennen, und auf diese Weise den uns bekannten anschaulichen Charakter der Räumlichkeit auf dieses abstracte System überzutragen, von dem wir eine Anschauung niemals besitzen, und dessen Untersuchung daher ein Gegenstand der höheren Arithmetik, aber nicht einer höheren Geometrie ist.

Auch zu sagen, daß anders organisirte Geister eine Anschauung eines solchen Systems besitzen 'könnten', ist weit mehr als wir behaupten dürfen. Wir können blos die Unmöglichkeit einer solchen Anschauung nicht nachweisen, woraus natürlich ihre Möglichkeit nicht folgt. Außerdem würden ja andere Geister nicht blos diese Anschauung des Raums von m Dimensionen besitzen, sondern vermöge derselben dieselbe Wirklichkeit anschauen, die wir in unserm Raum von drei Dimensionen beobachten. Hiervon kann man sich kaum eine Vorstellung machen, wenn man nicht annimmt, daß diejenigen Verhältnisse der Dinge, welche jene anderen Geister wahrnehmen, ganz andere sind als die, welche wir in unserm Raum beobachten. Auch hierdurch würde deutlich werden, daß eine solche Anschauungsform anderer Geister überhaupt gar keine Aehnlichkeit mehr mit unserm Raum haben würde, und sich nur durch ein

unlogisches Spiel mit Begriffen als eine irgend wo vorkommende
Art oder Modification unserer Raumanschauung ansehen ließe.

§ 32.

Philosophischerseits ist die bloße Subjectivität des Raums hauptsächlich auf die unlösbaren Antinomien gegründet worden, in die
man glaubte durch die Annahme seiner Wirklichkeit verwickelt zu
werden (Kant). Allein die hier entstehenden Schwierigkeiten hängen
hauptsächlich mit der keineswegs nöthigen Annahme einer stetigen
Ausdehnung der Materie zusammen. Man würde daher vorziehen,
die Subjectivität des Raumes durch den Nachweis zu begründen,
daß der Raum so, wie er nothwendig gedacht werden muß, eben
deswegen, weil er so gedacht werden muß, nur als eine subjective
Anschauung des Geistes gedacht werden kann. Dieser schwierige
Nachweis kann hier nur angedeutet werden durch Angabe zweier
Punkte, die zu überlegen sind.

Zuerst, da wir offenbar den Raum nicht als ein Reales,
sondern so zu sagen als Form betrachten, in der das Reale erst
Platz nimmt, so können dem Raum keinerlei solche Prädicate zugeschrieben werden, wie sie dem Realen gebühren. Nun gehört es
zu der Anschauung des Raums, daß alle seine leeren Punkte zwar
vollkommen gleich, dennoch aber unvertauschbar in ihren Lagen oder
Entfernungen sind. Was nun eine 'Entfernung von a bis b' ist,
das ist einem vorstellenden Beobachter allerdings klar; er erkennt
und mißt nämlich Größe und Richtung der Entfernung a b an der
Art und Stärke der veränderlichen Gefühle, welche er erfährt, wenn
er mit seinen thätigen Sinnesorganen von der Auffassung des
Punktes a zu der des Punktes b übergeht. Dagegen ist die Frage
ganz unbeantwortbar, worin diese Entfernung sachlich bestehen werde,
wenn man ganz absieht von dem Beobachter, der sie wahrnimmt;
weder der Punkt a noch b kann als Subject von Zuständen gedacht werden; beide leiden von ihrer Entfernung nichts, und selbst
wenn sie etwas davon litten, so würde, wie es scheint, a von dem

Punkte c, der dem b völlig gleich ist, ebenso leiden, wie von b. D. h.
also: die Entfernung ab hat nicht als ein Zustand im Innern
der Punkte a und b eine Wirklichkeit, und kann ebensowenig als
eine Wirkung des a und b blos zwischen ihnen eine Wirklichkeit
haben; vielmehr sie, wie alle Verhältnisse und Beziehungen, (und
dies ist der eigentlich metaphysische Punkt der Sache) hat überhaupt blos Wirklichkeit in dem Bewußtsein eines Geistes,
welcher die beiden Beziehungspunkte a und b nach einander vorstellt
und sich bei dem Uebergang von einem zum andern der Größe und
Art seiner Veränderung bewußt wird. Man kann zur Verdeut-
lichung sich an die Begriffe 'Zweiheit' oder 'Dreiheit' erinnern: sie
sind weder Prädicate der einzelnen Elemente, die man so zusammen-
zählt, noch haben sie zwischen diesen Elementen eine Wirklichkeit
für sich, sondern sie sind in der That blos auf die angegebene
Weise in dem Bewußtsein des Zählenden wirklich; nur daß sie nicht
so, wie die räumliche Entfernung, ein anschauliches Bild gewähren,
welches uns die Täuschung einer von unserem Bewußtsein unabhängigen Wirklichkeit verschafft.

§ 33.

Zweitens glauben wir zwar alle, nichts sei verständlicher
als was wir meinen, wenn wir sagen, ein Ding befinde sich 'im'
Raume oder in einem bestimmten Punkte desselben. Allein trotz
der völligen Anschaulichkeit dessen, was wir hiermit meinen, ist doch
durchaus nicht zu sagen, welches sachliche Verhalten, das auch
abgesehen von unserer Anschauung fortbestände, hiermit aus-
gesprochen sein könnte, so lange wir den Raum als eine wirkliche
leere Ausdehnung betrachten.

Die Bedeutung der Präposition 'in' ist völlig unklar. Da
jeder Punkt des leeren Raums jedem andern vollkommen gleich ist,
außerdem um seiner Leerheit willen keinerlei Wirkung ausüben
kann, so befindet sich das reale Element in dem Raumpunkt, in
welchem es sich befindet, genau ebenso wie es sich in allen anderen
befinden würde, d. h.: wenn wir sagen, es sei in a, so können wir

nicht sagen, worin der sachliche Unterschied dieses Seins in a von dem Sein in b besteht.

Ebenso: wenn ein Element von a nach b kommt, so würde, weil b seiner Natur nach gleich a, Anfang und Ende dieses Vorgangs an sich oder sachlich gar nicht unterschieden sein; beide wären blos unterscheidbar für einen Beobachter, für welchen die Punkte a und b deswegen nicht mehr gleich sind, weil er sich verschiedener Veränderungen seines Zustandes bewußt wird, je nachdem er von einem irgendwie bestimmten Anfangspunkt o aus entweder nach a oder nach b mit seiner Beobachtung übergeht.

§ 34.

Soll nun 'Sein an einem Ort' oder 'Bewegung vom einen zum andern Ort' etwas sein, was auch ganz abgesehen von jedem Beobachter für sich besteht und etwas bedeutet, so müssen jene inneren Zustände, die der Beobachter erleidet, durch gleich wirkliche verschiedene innere Zustände in den realen Elementen selbst ersetzt werden.

Es würde nicht hinreichen, zu sagen, daß die räumlichen Beziehungen, in denen uns die Dinge zu stehen scheinen, durch andere, unräumliche objective, Beziehungen ersetzt werden müßten. Man muß sich vielmehr klar machen, daß überhaupt alles, was 'Beziehung' heißt, nur in der Reflexion eines beziehenden Geistes seine Wirklichkeit hat, und daß dasjenige, was wir hier unter dem Namen einer 'objectiven Beziehung' verlangen, in Wahrheit weit mehr sein muß, als eine bloße Beziehung, nämlich eine lebendige Wechselwirkung der verschiedenen Elemente, die uns eben dann als bloße Beziehung erscheint, wenn wir im Denken nur die aus ihr entspringenden Resultate vergleichen, sie selbst aber nicht wahrnehmen. —

Unter allen diesen Voraussetzungen wird nun unsere Ansicht folgende: Reale Elemente A, B, C.., jedes durch seine qualitative Natur charakterisirt, ohne alle räumliche Größe und Gestalt, stehen unter einander in einer unaufhörlichen Wechselwirkung, durch welche sie Veränderungen ihrer inneren Zustände erfahren, also von einander leiden und auf einander wirken.

Es suche nun A in allen andern Wesen den Zustand a hervorzubringen, bringe aber wirklich, da dieser Effect sich auch der Natur des leidenden Wesens gemäß verhalten muß, in B die Wirkung a_b, in C die Wirkung a_c hervor.

Ist nun C ein Wesen geistiger Art, so hat es die Fähigkeit und Nöthigung, die beiden ihm von A und B mitgetheilten Zustände a_c und b_c nicht blos zu erleiden, sondern auch vorzustellen und zu vergleichen, und endlich die Größe und Art des Unterschiedes dieser seiner beiden Affectionen in Gestalt einer räumlichen Entfernung von bestimmter Größe und Richtung zwischen den beiden Punkten α und β eines von ihm angeschauten Raumes wahrzunehmen, an welche es die Bilder von A und B verlegt.

Die räumliche Erscheinung der Welt ist daher der durch unsere geistige Natur uns nothwendig gemachte Ausdruck der immer zwischen den Wesen unter sich und mit uns stattfindenden innern Wechselwirkungen, also ein Effect ihres Wirkens. Die Dinge erscheinen an bestimmten Raumpunkten, weil sie in bestimmter Weise auf einander wirken, nicht aber ist der Raum oder die Entfernungen eine vorangehende reale Bedingung, welche die Elemente entweder begünstigte oder hinderte, Wirkungen auf einander hervorzubringen. Daher erklärt sich beiläufig, warum wir durchaus keinen Anstoß an der Fernwirkung von Kräften zu nehmen haben.

§ 35.

Sowie die ruhige Lagerung der Dinge im Raume der Ausdruck ihrer innern Gegenwirkungen ist, so wird auch ihre uns erscheinende räumliche Bewegung Folge und Ausdruck der Veränderung ihrer inneren Zustände sein.

Wir kennen diese letzteren nicht, aber als selbstverständlich dürfen wir doch ansehen, daß jede Veränderung, die ein Element

3*

durch das bereits in Gang gesetzte Geschehen (über dessen ersten Ursprung wir hier nicht fragen) erleiden soll, in ihm eine Rückwirkung hervorruft, die sich als Selbsterhaltung deuten läßt, d. h. die darauf ausgeht, die ursprüngliche Natur des Elements und seinen bestehenden Zustand gegen Veränderung zu vertheidigen. Das auf diese Weise angestrebte neue Gleichgewicht wird nur in einer neuen Summe von Wechselwirkungen des einen Elements mit allen übrigen erreicht werden können, d. h. für unsere Auffassung durch die Aufsuchung eines neuen räumlichen Ortes. Die so entstehende Bewegung wird daher nicht einer sogenannten bewegenden Kraft an sich zu verdanken sein, d. h. einem Bestreben der anderen Elemente, Bewegung sozusagen als ihren Zweck hervorzubringen, sondern sie wird nur die gewissermaßen beiläufige Form sein, welche das Bestreben aller Wesen nach einem Gleichgewicht ihrer innern Zustände für unsere Anschauung annimmt. Die 'bewegende Kraft' also, die in jedem Augenblick ein Element zur Veränderung seines systematischen Ortes im Zusammenhang aller übrigen, also zur scheinbaren räumlichen Bewegung zwingt, wird aus unzähligen Wechselwirkungen mit anderen in jedem Augenblick erst geschaffen und zusammengesetzt. Aber eben weil sie aus den partiellen Selbsterhaltungen des einen Elements gegen jedes einzelne der übrigen zusammengesetzt ist, und weil die aus einer solchen Wechselwirkung zwischen je zweien entstehende Veränderung der innern Zustände nur in einer Größenänderung dessen, was sie bereits leiden, also scheinbar in einer Aenderung der räumlichen Entfernung zwischen beiden bestehen zu können scheint, so läßt sich auch nach unserer Ansicht begreifen, mit welchem Recht man in der Physik alle Bewegungsvorgänge auf Combinationen geradlinig wirkender Bewegungsantriebe zurückführt.

§ 36.

Ganz abgewiesen muß die Frage werden, wie überhaupt die Wechselwirkung zu Stande komme, die wir zwischen allen Elementen der Welt, obgleich in unendlichen Abstufungen, voraussetzen. Jede Erklärung, die man darüber versuchen möchte, würde allemal wieder in der Schilderung irgend welcher Vorgänge bestehen, durch welche der Einfluß des Elements a auf ein anderes z allmählig übergeleitet würde. Diese Kette von Zwischenvorgängen würde nur das allgemeine Räthsel, welches wir lösen wollen, vervielfältigt enthalten; denn zwischen je zwei Gliedern derselben müßten wir diesen Vorgang des Wirkens des einen auf das andere unerklärt wieder voraussetzen. Man kann daher überhaupt nur zusammengesetzte Wirkungen auf die einfachen Fälle zurückführen, in welchen ein Element a ohne alle Zwischenglieder auf ein anderes b wirkt. Diese Wirkung aber muß man einfach als eine Thatsache aufnehmen, deren Hergang sich nicht beschreiben läßt, weil er in der That in dem Sinne einer Vermittlung durch Zwischenglieder gar nicht vorhanden ist.

Dagegen kann man philosophisch nicht mit dem Vorschlag übereinstimmen, den die Naturwissenschaft allerdings machen kann, nämlich dem: den ganzen Begriff des Wirkens wegzulassen und sich darauf zu beschränken, die Elemente der Welt durch unzählig viele Gleichungen bestimmt zu denken, nach welchen aus den jedesmal gegebenen Verhältnissen einer bestimmten Anzahl dieser Elemente eine bestimmte Aenderung des vorhandenen Thatbestandes hervorgehen müßte. Man muß bedenken, daß dann, wenn wir eine bestimmte Folge f aus den gegebenen Gleichungen a und b berechnen, dann unsere geistige Thätigkeit dasjenige ist, was a und b in sich, d. h. in einem und demselben Bewußtsein vereinigt, und daß in Folge unserer geistigen Natur dann uns f als die denknothwendige Folge von a und b entsteht. Dieser unserer geistigen Thätigkeit, durch welche f im Denken verwirklicht wird, muß etwas in den Dingen entsprechen, wodurch es geschieht, daß dann, wenn a und b stattfinden, f nicht blos als denknothwendige Folge, welche ein Beobachter verlangen würde, der a und b als vorhanden wahrnähme, sondern als eine, an einem bestimmten wirklichen Element eintretende wirkliche Veränderung seines Zustandes stattfindet. Oder anders gesagt: wenn der Zustand eines Elements z nach irgend einer Gleichung durch die Zustände der Elemente a und b bestimmt sein soll, so müssen nicht blos wir, die Beobachter, wahrnehmen, daß in einem bestimmten Fall die Bedingungen stattfinden, unter denen jene Gleichung eine Aenderung f des z verlangt, sondern z selbst muß sich anders befinden, wenn diese Bedingungen stattfinden, als wenn sie nicht stattfinden. Oder kurz: z muß nicht blos in Beziehungen zu a und b stehen, sondern muß von ihnen leiden, oder umgekehrt: a und b müssen auf z wirken.

Obgleich daher der Begriff des Wirkens ein Grenzbegriff ist, dessen Inhalt keiner weitern Beschreibung unterliegen kann, so ist er dennoch nicht zu entbehren. Für die praktische Untersuchung der Naturvorgänge kann er allerdings entbehrt werden, weil er eine überall ganz gleiche Voraussetzung ist; er ist aber unentbehrlich, wenn man überhaupt das vollkommen und ohne Lücke ausdenken will, was man meint, wenn man von einer solchen durch Gleichungen ausdrückbaren Wechselbedingtheit der einzelnen Elemente spricht.

Viertes Kapitel.
Vom Zusammenhang der Naturvorgänge.
§ 37.

Die bisherigen Gedanken würde die Philosophie noch einen Schritt weiter fortsetzen. Wenn sie auch auf positive Beschreibung des Hergangs der Wirkungen verzichtet, so muß sie doch Voraussetzungen läugnen, unter denen auch das unbegreifliche Wirken einen Widerspruch einschließen würde.

Eine solche Voraussetzung ist die unserer Naturauffassung in der Physik gewöhnliche: es gäbe eine Vielheit völlig selbständiger von einander ganz unabhängiger Elemente, welche erst durch gewisse Beziehungen zwischen ihnen dazu gebracht würden, sich nach einander zu richten. Es ist widersprechend, daß zwei Elemente, die einander

nichts angehen, dennoch einander so angehen sollen, daß die Zustände des einen Bedingungen für die Zustände des andern sind.
Daß Beziehungen zwischen diesen Elementen diesem Widerspruch
nicht abhelfen, haben wir gesehen. Es ist nothwendig, daß dasjenige, was dem einen Wesen zustößt, unmittelbar auch ein Zustand des andern Wesens sei, oder wenigstens ohne irgend eine
Zwischenvermittelung werde.

Der Widerspruch kann nur dadurch ausgeglichen werden, daß
wir diese Pluralität der Elemente aufgeben und an ihre Stelle
ein nicht blos der Qualität nach überall gleichartiges, sondern auch
der Zahl nach einziges wahrhaft seiendes, leidendes und wirkendes
Wesen setzen, als dessen verschiedene Acte, Modificationen, Zustände oder Theile alle die einzelnen Elemente a, b, c, d . . . .
zu betrachten sind, aus denen für unsere Wahrnehmung die Welt
zu bestehen scheint. — Die Vielheit der eben gebrauchten Ausdrücke
bedeutet, daß wir positiv das Verhältniß, in welchem diese endlichen Elemente zu jenem Einen Wesen stehen, nicht adäquat ausdrücken können, weil es eben keinem derjenigen Verhältnisse gleicht,
die zwischen den einzelnen endlichen Wesen stattfinden, und von
denen allein wir unsere bildlichen Vorstellungen entlehnen können.
Nur der verneinende Sinn dieser Ausdrücke ist klar, nämlich die
Läugnung der Selbständigkeit der einzelnen Elemente. Was aber
die Einheit des Einen Wesens angeht, so ist ihre Annahme nicht
eigentlich das Resultat eines Schlusses, vielmehr der unmittelbare
Ausdruck dessen, was wir denken, wenn wir eine Mannigfaltigkeit
in jener Wechselwirkung begriffen vorstellen. Denn von der Einheit
eines Wesens können wir eigentlich keine andere Definition geben,
als diese, daß die verschiedenen Zustände des 'einen' Wesens einander unmittelbar bedingen, ohne irgend eine weitere Vermittlung
zu bedürfen.

Diesen Gedanken von der Einheit des Realen mag nun die
Philosophie weiter bearbeiten; für die Naturbetrachtung ist vorläufig
nicht sein ganzer Inhalt nöthig, sondern nur gewisse Consequenzen,

die sich aus ihm ergeben, und philosophisch blos durch ihn möglich werden, im Uebrigen aber folgende andere einfachere Gestalt annehmen können.

§ 38.

Eben jene Voraussetzung eines einzigen Realen rechtfertigt für uns den formalen Gedanken, daß jedenfalls die Natur nicht blos einen Haufen isolirter Wirklichkeiten, sondern ein Ganzes auf einander bezogener Theile darstelle. Jene Begründung kann man weglassen, und dann stimmen wir in dem Begriff eines solchen Ganzen im Allgemeinen mit den Naturwissenschaften überein. Indessen bleibt ein großer Unterschied in Bezug auf die Ausbeutung dieses Begriffs.

Unsere philosophische Ansicht würde sich kurz so ausdrücken lassen: Nennen wir a und b zwei Elemente der Natur, R den Inbegriff aller andern, bezeichnen wir durch F eine veränderliche Form des Zusammenhanges aller dieser Theile, so würde die Gleichung gelten

$$F (a, b, R) = Z$$

wobei wir unter Z nicht eine Größe, auch nicht sowohl eine Form der Verbindung von Größen, sondern einen Gedanken oder eine Idee aussprechen, die zunächst blos durch ihren Sinn charakterisirt wird. Unsere Formel würde dann bedeuten: der Inhalt der Welt verträgt verschiedene innere Gruppirungen seiner Elemente, hat aber immer die Bedingung zu erfüllen, durch jede solche Combination den Sinn der Idee Z auszudrücken. Wäre daher eines dieser Elemente a in α verändert, so würde eine compensirende Aenderung des andern b in β nothwendig sein, damit $F (\alpha, \beta, R)$ wieder $= Z$ sei.

Es würde sich wesentlich nichts hieran ändern, wenn wir der Natur nicht die beständige Selbsterhaltung des Z, sondern eine Entwicklung zuschrieben, durch welche der Gesammtinhalt derselben nach und nach $= Z_1, Z_2, Z_3 \ldots$ werden müßte.

Nach einer solchen allgemeinen Ansicht wäre die Idee Z souverän, und würde das Dasein, den Fortbestand oder das Verschwinden aller einzelnen Elemente, das Gesetz der Beziehung oder Wechselwirkung zwischen je zweien, die Veränderungen dieses Gesetzes, endlich die Anordnung der Umstände, unter denen alle diese Kräfte zur Wirksamkeit kommen, mithin auch die Gestalt aller Erfolge ganz allein, und zwar zunächst mit einer Art poetischer Gerechtigkeit bestimmen. Damit soll nämlich gesagt sein, daß die Nothwendigkeit, mit welcher in einer solchen Natur ein zweiter Zustand aus einem ersten folgt, nicht blos aus logischen und mathematischen Principien folgt, sondern daß eben die Idee Z selber bestimmt, in welchem Uebergang von Z_1 zu Z_2 eine ihrem Sinn entsprechende Consequenz liegen würde. Sobald aber einmal die Welt nicht eine bloße Classification ruhender und einander blos verwandter Ideen, sondern eine Summe von Ereignissen vorstellen soll, so daß ein Zustand in den andern übergeht, so wird auch diese poetische Gerechtigkeit die logische und mathematische Gesetzlichkeit nicht entbehren können. Veränderlich gemäß dem Sinne der Idee würden blos die einfachsten Proportionen sein, nach welchen sich der Zustand eines Elements abhängig von dem des andern zeigt, d. h. die einfachen physischen Data, auf welche in den Naturwissenschaften die Mathematik angewandt wird.

§ 39.

Die naturwissenschaftliche Interpretation kann in ihrem Gegensatz zur vorigen einfach dahin ausgedrückt werden, daß sie jenes Z nicht kennt, und eine Bedingungsgleichung dieser Art F (a, b, R) = Z gar nicht anerkennt. Sie nimmt vielmehr die gegebenen Elemente der Welt, die zwischen ihnen geschehenden Wechselwirkungen sowie die Gesetze derselben als einen eisernen Bestand, als eine Summe von Thatsachen an, die so sind, weil sie so sind; die ferner nicht die Pflicht haben, irgend einem als Ziel vorschwebenden Erfolge sich unterzuordnen, und die ebensowenig nach einem ersten Herkommen gefragt werden dürfen. Der ganze Naturlauf stellt blos die Summe dessen dar, was da nach und nach werden kann und muß, wenn alle diese Elemente, nach unveränderlichen Gesetzen auf einander wirkend, aus einer ihrer Constellationen, in

welcher sie sich thatsächlich befanden, in eine andere überzugehen genöthigt sind.

Eben nun, weil dieser ganze Bestand nur als Thatsache gilt,
kann er auch nur durch Erfahrung, die allgemeinen Gesetze aber,
die in ihm herrschen, blos durch Induction aus der Erfahrung
erkannt werden. Nun ist aber der ganze Zeitraum, über den sich
unsere Erfahrung wirklich erstreckt, verglichen mit dem, zu dessen
Annahme wir durch die Aussagen der Erfahrung selbst veranlaßt
werden, so unbedeutend, daß alle Gesetze, welche wir auf diesem
Wege finden, mit Sicherheit eben nur einem kleinen Bogen der
Curve genugthun, welche der Naturlauf bildet. Langsame Aenderungen aller dieser Gesetze selbst würden daher empirisch nicht nach-
weisbar gewesen sein.

Dies führt dahin, daß man die Gesetze, welche empirisch auf-
gefunden sind, doch wieder nicht blos als solche thatsächliche betrachten will, sondern für sie eine höhere Autorität sucht, indem man
sie auf Grundsätze reducirt, welche an sich glaubwürdig und pro-
babel, und deren Gegentheil ungereimt oder absurd ist.

Diese Ausdrücke deuten doch wieder darauf hin, daß man dem
Ganzen der Natur eine solche Bedingungsgleichung setzt, es also,
wie oben, gleich Z ansieht, dies Z aber nicht analysirt, sondern in
der That nur in Gestalt eines Wahrscheinlichkeitsgefühls in uns
wirken läßt. — Da nun andererseits auch philosophisch sich dieses
Z nicht angeben, mithin auch die Reihe seiner Folgen sich nicht entwickeln läßt, so wird diese erste Grundlegung unserer naturwissen-
schaftlichen Ansichten in der That immer etwas Schwankendes behalten,
ohne daß darum die Brauchbarkeit derselben für die Bruchstücke des
Naturverlaufs, die wir übersehen, in Frage gestellt zu werden brauchte.

§ 40.

Zu den allereinfachsten Grundsätzen gehört die quantitative
Constanz der Masse: eine bestimmte Mehrheit von Elementen
setzt einer und derselben Kraft immer denselben Trägheitswiderstand

entgegen, gleichviel wie die äußeren Relationen oder die inneren Beziehungen dieser Elemente wechseln; oder mit andern Worten: die
wirksame Masse in der Welt ist constant und leidet weder Vermehrung noch Abnahme.

Dieser Satz ist selbstverständlich, so lange die Welt nur als
Folge ihrer unabhängigen Elemente gilt, also außer diesen eigentlich
nichts ist. Und so hat ihn bereits der antike Atomismus ausge-
sprochen: aus Nichts werde nichts, und nichts werde zu Nichts. Die
entgegengesetzten philosophischen Ansichten hatten aber etwas außer
den Elementen, nämlich eben jenes Z, dessen Sinn der souveräne
Grund für die Configuration der ganzen Welt war. Die Macht
des Z war dann nicht auf Abänderungen der Relationen zwischen
den Elementen beschränkt, sondern in der Veränderung der Function
F (a, b, R) konnten Fälle vorkommen, die eine Gleichheit mit Z
nur durch Neuerzeugung oder Vernichtung einzelner Elemente gestatteten.

An diese Möglichkeit zu erinnern haben wir freilich blos Grund,
weil die allgemeinen naturphilosophischen Gedanken auch das geistige
Leben nicht vergessen dürfen, das von dem materiellen Naturlauf
untrennbar ist. Es ist aber unmöglich, die Erscheinungen des
geistigen Lebens als bloße Resultanten anderer Ereignisse, und ohne
ein einheitliches Subject, die Seele, zu fassen, welche dadurch, daß
sie auf eigenthümliche Weise leiden und wirken kann, vollkommen
unter den Begriff eines wirksamen Weltelements fällt, unter den
wir die für uns gleichfalls übersinnlichen Atome der Materie bringen.
Nun ist freilich nicht zu beweisen, aber man hat Grund, die
Annahme möglich zu wünschen, daß diese geistigen Weltelemente in
der That entstehen und vergehen können, daß mithin ihr Dasein
an bestimmte Configurationen jenes Z gebunden ist.

Deswegen allein drücken wir daher unsere Meinung jetzt so
aus: Die quantitative Constanz der Masse ist ein selbstverständlich nothwendiger Grundsatz nicht; dagegen für diejenigen
Elemente, welche die Grundlage der körperlichen Natur bilden,

geben wir sie nicht blos als **empirisch** gültig zu, sondern wir glauben, aber ohne es beweisen zu können, daß er für diesen Fall auch als **nothwendig** gültig erkannt werden würde, **wenn** wir im Stande wären, den Sinn jenes Z anzugeben, aus dem er als Consequenz fließen würde.

§ 41.

Qualitative Constanz der Elemente in dem Sinn, daß sie unveränderliche Mittel-, Ausgangs- und Zielpunkte für wandelbare Beziehungen, z. B. Bewegungen wären, halten wir nach allem Früheren für unmöglich, und ersetzen diesen Begriff durch den andern Gedanken: jedes Element a erfährt, wenn es nach und nach den Bedingungen p_1, p_2, p_3 ausgesetzt wird, wirkliche Veränderungen und geht in α_1, α_2, α_3 über. Wenn jedoch eine rückläufige Veränderung dieser Bedingungen, also des p_3 in p_2 und p_1 vorkommen kann und vorkommmt, so geht auch α_3 in α_2 und α_1 wieder zurück, so daß unter gleicher Summe von Bedingungen auch die Natur des Elements immer dieselbe ist.

Nothwendig und selbstverständlich ist dieses Verhalten nicht. Wäre die Welt blos Entwicklung, so würde eben jene Umkehrung der Bedingungsreihen nie vorkommen, und demgemäß auch a in beständiger Veränderung begriffen sein, die dann blos dadurch beschränkt würde, daß die Reihe der Formen α_1, α_2 .... doch selber insofern eine geschlossene wäre, als sie niemals in die andere Reihe β_1, β_2 .... überginge, welche die entsprechende Entwicklung eines Elements b ausmacht.

Man kann daher unseren Satz auch so ausdrücken: In Wirklichkeit gibt es einen Verlauf der Ereignisse, welcher eine Umkehrung der Bedingungsänderungen herbeiführt, und damit auch die Rückkehr des Elements in seinen früheren Zustand.

§ 42.

Ein zweiter allgemeiner Grundsatz, der der **Gleichheit von Wirkung und Gegenwirkung**, enthält zuerst den Gedanken,

daß überhaupt jede Wirkung nur in Gestalt von Wechselwirkung vorkomme. Dies bedarf für uns keines neuen Beweises,
da wir die Unmöglichkeit einer Kraft hinlänglich schon hervorhoben,
welche an einem, isolirten Element haftete, vielmehr jede Kraft,
und folglich auch ihre Wirkung, nur aus der Beziehung von mindestens zwei Elementen ableiteten, die vollkommen gleichberechtigte
Glieder dieses Verhältnisses sind, also beide wirken und beide
leiden.

Allein der andere Gedanke, der Gleichheit dieser beiden
Wirkungen, hat ein Bedenken. Denken wir die Elemente a und b
als qualitativ eigenthümlich verschieden, so kann über das, was
jedes von dem andern leiden wird, nach unserem Sinn eigentlich
blos jenes allgemeine Z bestimmen, dem der Gesammtinhalt der
Welt in jedem Augenblick genügen muß. Setzt man diese Betrachtung bei Seite, und nimmt die Art dieser beiden Wirkungen blos
als gegebene Thatsache an, so würde man doch immer sagen müssen:
jedes Element kann blos das leiden, was seiner qualitativen Natur
möglich ist, und diese beiden Aenderungen, des a in α durch den
Einfluß von b und des b in β durch den Einfluß von a, brauchen
gar nicht nach irgend einem gemeinsamen Maßstab meßbar, sondern
können unvergleichbar verschieden sein.

Man hat daher eigentlich blos Grund, von einer Aequivalenz der Wirkung α und der Gegenwirkung β zu sprechen;
von einer Gleichheit nur in dem speciellen Fall der Gleichartig-
keit der Wirkungsweise überhaupt. — Wenn die gegenseitigen Wirkungen blos solche sind, die uns als räumliche Bewegungen
erscheinen, wenn ferner die Intensität, mit welcher an diesem gleichartigen Wirken sich beide Elemente betheiligen, durch Einführung
des Begriffs ihrer Massen berücksichtigt wird, so entsteht dann
der gewöhnliche Satz von der Gleichheit der Wirkung und Gegenwirkung, und u. a. als eine seiner Folgen das Gesetz von der
Erhaltung des Schwerpunkts. Denn daß Wirkung und
Gegenwirkung nicht blos gleich, sondern einander entgegen-

gefeßt gerichtet fein müffen, verfteht fich dann von felbft, da aus der Wechfelwirkung zweier Elemente nur eine Veränderung ihres gegenfeitigen Verhältniffes, aber nicht ihres Verhältniffes zum leeren Raum folgen kann.

§ 43.

Man kann dies anders ausdrücken: Sucht ein Element a ein zweites b in β zu verändern, fo ift feine eigene Veränderung von a in α der Preis, den es dafür zu bezahlen hat. Nun können diefe Differenzen a—α und b—β nach dem Vorigen unvergleichbar fein. Wenn indeffen einmal a und b fowie α und β zufammen-gehörige oder äquivalente Werthe oder Zuftände der Elemente a und b find, wenn ferner es eine Umkehr der Vorgänge gibt, durch welche a in α verwandelt wird, fo muß dann die Wiederherftellung des a, alfo der Vorgang α—a auch den entfprechenden Vorgang β—b hervorbringen, und beide gleich a—α und b—β fein.

Man kann alfo nur identifch fagen: der Preis, den a auf-opfert, um eine beftimmte Veränderung b—β in b hervorzubringen, ift eben die Fähigkeit felbft zur Hervorbringung diefer Wirkung, und diefe Fähigkeit kann blos wiedererlangt werden durch eine ent-gegengefetzte Einwirkung, die der hervorgebrachten Wirkung gleich ift. — Wenn man alfo keine weiteren Vorausfetzungen macht, fo ift der hierin liegende Gedanke fehr einfach: Wenn zwei Elemente a und b von einem beftimmten Anfangszuftande beider an bis zu einem gewiffen Endzuftande durch Wechfelwirkung eine gewiffe be-ftimmte Summe von Wirkung überhaupt hervorbringen können, fo bildet die Größe der bereits verwendeten Kraft zufammen mit der noch übrigen verwendbaren eine conftante Größe. Nennen wir die letztere eine **Spannkraft**, die andere eine **lebendig gewefene Kraft**, fo ift die Summe diefer beiden conftant.

§ 44.

Wenn drei Elemente a, b, c oder drei Syfteme von Ele-menten a, b, c dergeftalt verbunden werden, daß ein fich fortpflanzendes Wirken von a durch b nach c und von dort nach a zurück geht, und wenn wir die Voraussetzung qualitativer Gleich-artigkeit dieser Elemente fallen lassen, so wird von dem Verhalten je zweier gegen einander das Obenerwähnte gelten. Allein Art und Größe der Wirkung zwischen b und c wird vollkommen unabhängig sein von der zwischen a und b und von der zwischen a und c. Es ist daher nicht selbstverständlich, daß die Wirkung, welche a durch b hindurch in c erzeugt, gleich derjenigen sein müßte, die a durch denselben Kraftaufwand unmittelbar in c erzeugen würde, und die folglich, in umgekehrter Richtung auf a wirkend, diesem die auf-gewendete Kraft genau ersetzt. Man kann vielmehr die Beziehung zwischen b und c von jedem beliebigen Grade der Intensität oder Reizbarkeit denken, so daß die Wirkung $\varDelta$ b (= Differenz von b), welche von a erzeugt ist, ein $\varDelta$ c erzeugen kann, das größer oder kleiner ist als nöthig um a wieder in denselben wirkungsfähigen Zustand zu versetzen; d. h. also: durch die Einschaltung eines oder mehrerer Zwischenglieder zwischen a und c könnte die wirkungs-fähige Kraft des a vergrößert oder verkleinert werden.

Beide Fälle pflegt man jetzt als an sich ungereimt zu betrachten. Den ersten wegen der Consequenz, zu der er führt, nämlich dem Perpetuum mobile, d. h. einer Zusammenstellung von Elementen, die nicht blos sich selbst in ewiger Bewegung erhält (was vielmehr an sich möglich und blos technisch unrealisirbar ist), sondern einen immer wieder erzeugten Ueberschuß an Kraft zur Hervorbringung äußerer Arbeit abgeben könnte. Den zweiten Fall findet man jetzt ungereimt, nachdem man häufig nachgewiesen hat, daß ein Theil der Kraft, der in einem Erfolge nicht in derselben Form wie der gegebene Anstoß wieder erschien, in anderen Formen des Wir-kens, die zugleich entstanden, enthalten war. Man behauptet also jetzt den Satz von der Erhaltung der Kraft, nach welchem in jedem Kreise einander hervorrufender Naturvorgänge, von welcher Form sie auch sein mögen, die zu dem Anfangsgliede zurückkehrende Endwirkung immer gleich dem von diesem ausgegangenen Anstoße

unb in jebem Gliebe ber Kette, fofern es alle von bem Anftoß
herrührenben gleichzeitigen Wirkungen umfaßt, eine unb biefelbe
unveränberliche Größe ber Kraft enthalten ift.

§ 45.

Unfere Ueberzeugung von ber Unmöglichkeit bes Perpetuum
mobile, auf welche man in ber That ben Satz von ber Erhaltung
ber Kraft zu grünben pflegt, beruht aber hauptfächlich auf ber Ver-
geblichkeit ber Verfuche, Mafchinen mit biefer Eigenfchaft herzu-
ftellen. Hier hanbelt es fich aber wefentlich um Mittheilung von
Bewegung. Die inneren Zuftänbe aber, bie während ber
Mittheilung von einer Elementengruppe zur anbern entftehen könnten,
fetzt man entweber als fo fich ausgleichenb voraus, baß zur Fort-
wirkung auf eine britte Gruppe eben nichts als bie mitgetheilte
Bewegung übrig bleibt ober wieber erzeugt wirb, ober enblich
man ignorirt fie gänzlich unb fieht alle Elemente blos für Sub-
ftrate ber Bewegung an.

Unter biefen Vorausfetzungen allerbings ift bie Erhaltung ber
Kraft nothwenbig; jeber Gewinn würbe hier aus Nichts entftehen, unb jeber Verluft wirklicher Uebergang in Nichts fein.
Setzen wir jeboch biefe innere Ungleichartigkeit ber Elemente unb fpeci-
fifche Wahlverwanbtfchaften zwifchen je zweien voraus, fo würbe bie
Vermehrung ber Kraft nicht aus Nichts, fonbern eben begründet
burch biefe beftehenben Verhältniffe zu Stanbe kommen, unb bie
Verminberung berfelben könnte nicht als ein einfaches Vernichtet-
werben aufgefaßt werben, ba biefe geringere Größe jetzt ebenfo
nothwenbig aus jenen Verhältniffen hervorginge unb ihrerfeits anbere Wirkungen bebingte. —

Soll mithin ber Satz von ber Erhaltung ber Kraft ganz allgemein gelten, fo müßte entweber bewiefen werben, baß alle wie
auch immer verfchieben geformten Naturvorgänge zu bloße räumliche Bewegungen zu rebuciren finb, bie an lauter gleichartigen
Elementen vorgehen, ober es müßte fich in unferm Sinn zeigen

laffen, daß die Urgleichung, welche die Configuration der Natur gleich Z setzt, diese Aequivalenz der verschiedensten Paare einander äquivalenter Gegenwirkungen als eigene Consequenz ihres Sinnes gebietet, oder endlich man müßte ohne Versuch weiterer Begründung die Gültigkeit des Satzes empirisch zu beweisen suchen.

Nun ist die Ableitung aus Z unmöglich: man müßte wenigstens wissen, ob der Naturlauf zu bloßer Erhaltung desselben Spieles von Vorgängen oder auch zu einer Entwicklung bestimmt ist, deren Ende anders ist als ihr Anfang. Im ersten Fall wäre die Gültigkeit, im zweiten die mindestens nicht allgemeine Gültigkeit des Satzes wahrscheinlich. Der andere Versuch, alle Naturvorgänge auf Bewegungen zu reduciren, ist wegen der nothwendigen Mitberücksichtigung der psychischen Vorgänge unausführbar, und eben dies läßt uns die Vermuthung übrig, daß auch andere Naturvorgänge auf der Mitwirkung innerer Zustände der Elemente beruhen, welche auf die bloße Fortpflanzung von Bewegungen einen modificirenden Einfluß ausüben könnten.

Daher bleibt nichts übrig, als der wirklich jetzt eingeschlagene Weg, den Satz von der Erhaltung der Kraft experimentell zu beweisen. Er wird gelten, soweit dies gelungen sein wird, und würde dann, wenn er allgemein bewiesen wäre, von uns nicht als ein an sich selbstverständliches Gesetz, sondern als eine empirisch aufgefundene a priori nicht erkennbare Consequenz jener Urgleichung aufgefaßt werden, welche die gesammte Bildung der Natur beherrscht.

§ 46.

Die Gesetze aufzufinden, nach denen die Wechselwirkungen der Elemente geschehen, hofft die Physik nur auf Grund der Erfahrungen, macht indeß doch einige allgemeine Voraussetzungen darüber, welche Hypothesen in dieser Beziehung annehmbar sein würden und welche nicht.

So erscheint es unannehmbar, daß eine Kraft in endlicher Zeit eine unendliche Wirkung erzeuge; sie würde dann, indem sie aus aller Vergleichbarkeit mit anderen herausträte, nicht mehr als Bestandtheil einer und derselben Natur zusammen mit jenen zu betrachten sein.

Man beschränkt ferner die Lehren der Mechanik auf Kräfte, die sich nicht mit der leeren Zeit ändern. Da ein reales Element zu einem Zeitpunkt kein anderes Verhältniß haben kann, als zu einem andern, so ist es selbstverständlich unmöglich, daß der Verlauf einer leeren Zeit sich in ihm durch irgend einen inneren Zustand geltend machen könnte, von dem die Aenderung seines Wirkens abhängt. Die Kraft kann sich mithin nur nach dem richten, was in der Zeit geschehen ist, und auch nach diesem blos insofern, als es sich im gegenwärtigen Augenblick noch geltend macht, d. h. nach dem jedesmaligen gegenwärtigen Zustande, in den das Element im Verlauf jener Zeit gekommen ist.

Ebenso unmöglich ist ein Verhältniß eines Elements zu einem leeren Raumpunkt, das von einem Verhältniß zu einem andern sich unterschiede. Deßhalb werden alle Kräfte als wirksam in der Verbindungslinie zweier Elemente gedacht, und jede seitliche Wirkung ist nur unter Voraussetzung eines dritten Elements denkbar, welches mit den beiden vorigen die Ebene und die Richtung bestimmt, nach welcher diese seitliche Wirkung gehen soll.

Dagegen ist nach unserer früheren Interpretation nicht blos die Entfernung zwischen zwei Elementen der Ausdruck einer innern Spannung, welche zwischen beiden besteht, sondern auch der Uebergang aus einer dieser Spannungen in die andere, d. h. die wirklich geschehende Bewegung ist etwas, was sich als innerer Vorgang oder Zustand in beiden Elementen denken läßt, und ebenso die Aenderungen, welche in der Geschwindigkeit dieser Aenderungen oder Uebergänge stattfinden u. s. w. Man würde mithin im Allgemeinen es möglich finden, vorauszusetzen, daß die Intensität einer Kraft nicht blos von der Entfernung zweier Elemente, sondern auch von ihrem jedesmaligen Bewegungszustand, sowie von allen Aenderungen dieses Zustandes abhänge. In

welcher speciellen Weise jedoch dies geschehe, muß völlig dahingestellt bleiben und in jedem Falle durch Erfahrung ermittelt werden.

§ 47.

Vielfältig hat man versucht, den Zusammenhang der Natur-
vorgänge an einen gewissen Gedanken von Sparsamkeit der
Natur oder ihrer Wahl der kürzesten Wege zu knüpfen.
Wenn wir in unserm Handeln ein Ziel p erreichen wollen,
so kann es unter den jedesmal gegebenen Umständen verschiedene
Wege m, n... geben, die zu p führen. Die Wahl zwischen ihnen
wird durch einen Entschluß entschieden, der von irgend welchen
Ueberlegungen abhängen mag, z. B. von der Berücksichtigung der
Nebenzwecke, die zugleich erreicht werden können, oder der Hinsicht,
in welcher man entweder an Kraft oder an Zeit oder an Weg zu
sparen wünscht. Nachdem aber dieser Entschluß gefaßt ist, gehört er mit zu den Umständen, welche den Weg zu p bestimmen,
und es gibt dann zwar noch mehrere im Allgemeinen denkbare,
aber nur noch diesen einen Weg zu p, der wirklich betretbar
ist. Er kann zugleich allemal der kürzeste heißen, denn die an
sich denkbaren noch kürzeren erreichen das Ziel nicht mehr, wenn
man auf die Gesammtheit der bedingenden Umstände Rücksicht
nimmt; und alle denkbaren weiteren können nicht wirklich einge-
schlagen werden, weil es an der erzeugenden Ursache fehlt, welche
die Richtung nach ihnen hervorbringen könnte.

In der Natur findet nun jenes vorgängige Stadium der Ueberlegung und des Entschlusses nicht statt, sondern von Anfang an
sind in jedem Fall alle die Nebenbedingungen vollständig gegeben,
die wir für unser Handeln willkürlich festsetzen. Es findet
daher keine solche 'Sparsamkeit' statt, welche zwischen verschiedenen
Wegen wählen könnte, sondern es ist immer blos ein Weg zu
dem Ziele p möglich. Alle weiteren Umwege sind grundlos und
verwirklichen sich deswegen nicht, alle kleineren widersprechen den
Bedingungen.

4*

Man kann daher im einzelnen Fall, wo alles bestimmt ist, von einer auswählenden Sparsamkeit nicht reden: man müßte vielmehr annehmen, daß die allgemein gültigen Gesetze so eingerichtet seien, daß durch sie in jedem Einzelfalle der denkbar kürzeste Weg zugleich der einzig mögliche und nothwendige würde. Dies würde indessen voraussetzen, daß man ein bestimmtes Resultat p, zu welchem ein Naturvorgang führt, als das Ziel anzusehen berechtigt wäre, zu dem dieser Vorgang führen soll. Dies kann man aber nicht. Vielmehr, wenn man nachweist, daß ein Gesetz, z. B. das der Reflexion der Lichtstrahlen, den kürzesten Weg bedinge, der von einem gegebenen (strahlenden) Punkt a zu einem bestimmten (in der Richtung des reflectirten Strahls liegenden) Punkte p führt unter Voraussetzung der Reflexion an einer Fläche, so wird doch nach ebendemselben Gesetze von demselben a aus eine unendliche Anzahl von Punkten q, r ..., welche nicht in dieser Richtung liegen, gar nicht oder nur auf viel längerem Wege (durch mehrfache Spiegelung) erreicht, als wenn für sie ein anderes Gesetz gegolten hätte. Nun ist aber gar nicht nachzuweisen, warum die Punkte p, nicht aber die q, r ... als die Zielpunkte anzusehen wären, die durch den Lichtstrahl von a aus erreicht werden sollten, folglich auch nicht nachzuweisen, daß das allgemeine Gesetz zu diesem seinem einzigen Ziele allemal den kürzesten Weg verfolge.

Von diesen Mängeln und Zweideutigkeiten vollkommen frei ist nur das Princip des kleinsten Zwanges von Gauß, welches eben in der freien Bewegung, welche ein Element in Folge einer auf dasselbe wirkenden Kraft ausgeführt haben würde, den festen Vergleichungspunkt hat, der den obigen Ansichten fehlt, und im Vergleich mit welchem alle die Ablenkungen, die das Element durch das Einwirken anderer Bedingungen erfährt, dadurch bestimmt werden, daß sie einen 'kleinsten Zwang' darstellen.

Fünftes Kapitel.
Von den physikalischen Hypothesen.

§ 48.

Nur eine inductive Bearbeitung der Erfahrung kann entscheiden, durch welche Stoffe und durch welche Wechselwirkungsverhältnisse zwischen ihnen die metaphysischen Möglichkeiten, die wir bisher anführten, verwirklicht sind.

Nun pflegt die unmittelbare Beobachtung äußerst selten zwei Ereignisse B und F vorzuführen, die genau in dem Verhältniß von Bedingung und Folge stehen. Meistens fehlt in der Beobachtung ein b und f, welches zu der wahren Bedingung und der wahren Folge gehört; dagegen finden sich beide mit Bestandtheilen p und q vermischt, die dem ganzen Bedingungsverhältniß fremd sind. Aus diesen unreinen Fällen hat man durch Combination der natürlichen oder durch das Kunstmittel des Experiments hergestellten Beobachtungen den reinen Fall zu ermitteln, welcher uns ein bestimmtes B als die vollständige Bedingung von F und von nichts weiter als F, dieses F dagegen als die ganze Folge von B und als nichts weiter als diese Folge darstellt.

Wäre ein solcher Satz, der B mit F verknüpft, gefunden, so würde es nicht mehr zulässig sein, immerfort die Frage zu wiederholen, wie nun diese Bedingung B es mache, um gerade diese Folge F hervorzubringen. Alle naturwissenschaftliche Erklärung kann nur die zusammengesetzten und veränderlichen Ereignisse auf solche einfachste, beständige Urthatsachen einer Verknüpfung von B und F zurückführen, und zwar nicht blos, weil die Schwäche unserer Erkenntniß nicht weiter reichte, sondern weil auch sachlich alle vermittelten Wechselwirkungen in der That auf solchen unmittelbaren beruhen müssen, die zwischen B und F durchaus keinen Zwischenmechanismus mehr einzuschieben erlauben.

Denken wir uns viele solche Sätze, (B—F), (B₁—F₁) ꝛc., gefunden, so läßt sich zwar noch eine logische und dialektische

Bearbeitung derselben denken, sodaß die letztere z. B. nachzuweisen suchte, wie vermöge des allgemeinen Sinnes oder der Idee, welche die Natur auszudrücken hat, jene Sätze sich als nothwendige und unerläßliche Glieder einer Reihe darstellen, durch welche erst der vollständige Ausdruck jener Idee gelingt; allein über die Art und Weise, wie nun in jedem einzelnen derselben die Bedingung B ihre Folge F hervorbringt, würden wir auch so keine weitere, an sich unmögliche Erklärung bekommen.

§ 49.

Nun sind aber Sätze dieser Art für die Wissenschaft blos ersprießlich, wenn sowohl B als F sich in allgemeiner Gestalt, nämlich als zwei Ereignisse fassen lassen, welche in unbegrenzt verschiedenen Graden der Größe vorkommen können; wenn man ferner diese quantitativen Verschiedenheiten nach bestimmten Maßstäben messen, und wenn man endlich aus den Erfahrungen ein Gesetz entwickeln kann, nach welchem die Aenderungen der Werthe von B mit bestimmten Aenderungen der Werthe von F verbunden sind.

Hat man die Sätze in diese Gestalt gebracht, so reichen sie zur Berechnung der meisten Ereignisse hin. Sie befriedigen indessen philosophisch nicht ganz. Da nämlich es sich hier nicht blos um Größenreihen handelt, diese Größen vielmehr die Zustände reeller Substrate bedeuten, so versteht es sich eigentlich von selbst, daß das Substrat von F, welches a heißen mag, durch die Einwirkung von B eine Veränderung erfährt, durch die es in α übergeht; daß folglich eine erneuerte Einwirkung desselben B auf α nicht dieselbe Folge haben muß, wie seine frühere Einwirkung auf a; daß folglich die Annahme, die Größe der Wirkung F werde einfach proportional der Größe von B sein, nicht die natürlichste ist, sondern, wo sie vorkommt, einen Beweis ihres Vorkommens braucht; daß vielmehr im Allgemeinen bei gleichmäßigem

Anwachsen von B das Anwachsen von F in irgend einem Grade der Verzögerung oder Beschleunigung geschieht.

So lange nun F bei dem Wachsen von B entweder immer wächst oder immer abnimmt, und zwar beides mit immer wachsender oder abnehmender Beschleunigung, so können wir uns ein Gesetz, das dieses Verhalten ausdrückt, gefallen lassen, indem wir die besondere Art der Abhängigkeit des F von B auf die innere Natur des Wesens a und seiner Zustände schieben, die uns immer unzugänglich bleiben werden. Wenn dagegen bei dem gerablinigen Fortwachsen von B die Werthe von F entweder unregelmäßig oder periodisch wachsen oder abnehmen, bedürfen wir, um die hier entstehenden Phänomene zu beherrschen, einer Hülfsansicht, welche entweder in dem einfachen Wesen a verschiedene Reihen von Zuständen annimmt, deren jede sich nach einem einfachen Gesetz mit dem Anwachsen ihrer Bedingung ändert, dagegen eben dadurch für eine zweite Reihe derselben immer veränderte Angriffspunkte der diese bewirkenden Bedingungen herbeiführt; oder welche Annahme, was noch viel häufiger sein wird, a als ein zusammengesetztes Substrat betrachtet, dessen verschiedene Bestandtheile α, β, γ durch die Einwirkung von B solche Verschiebungen ihrer gegenseitigen Stellung erfahren, daß das Fortwirken von B oder seine Steigerung immer neue und gar nicht mehr in Proportion mit den Werthen von B sich verändernde Angriffspunkte vorfindet. — Endlich wird dasselbe Bedürfniß eintreten, wenn verschiedene Bedingungen B, B, $\mathfrak{c}$. an einem und demselben Substrat zusammenwirken, und nun zusammengesetzte Folgen erzeugen, die sich nicht mehr als bloße Additionen der Einzelfolgen F, F, $\mathfrak{c}$. ansehen lassen.

Dies sind die Gelegenheiten, die uns zur Bildung von Hypothesen nöthigen. Die Absicht derselben besteht nicht darin, bloße nützliche Fictionen zu sein, d. h. subjective Vorstellungsweisen, von deren objectiver Ungültigkeit man überzeugt ist, und die blos dazu dienen sollen, unserer Phantasie die Bildung der Endvorstellungen zu erleichtern, zu denen man kommen soll. Vielmehr hat jede Hypothese die Absicht, einen wirklichen aber der unmittelbaren Beobachtung unzugänglichen Theil des physischen Thatbestandes so errathen zu haben, daß aus ihm begreiflich wird, wie durch das Zusammenwirken vieler Bedingungen unter bestimmten Umständen eine Menge veränderlicher und auf einfache Gesetze nicht sofort zurückführbarer Erscheinungen entstehen müssen.

§ 50.

Soll in der Bildung der Hypothesen ein methodischer Gang beobachtet werden, so kann er nur darin bestehen, daß man, wenn ein zusammenhängender Kreis von Vorgängen zu erklären ist, zunächst die allgemeinsten und am sichersten bekannten Thatsachen desselben zum Ausgangspunkt nimmt. Es läßt sich dann allemal das Postulat P genau bestimmen, welches in abstracto als die nothwendige Bedingung angenommen werden muß, damit jene Thatsachen denkbar werden.

Es handelt sich aber nicht um diese abstracte Aufstellung solcher Bedingungen, sondern um ein Errathen des realen Sachverhaltes, welcher diese Bedingungen verwirklicht. Hier kann es nun leicht geschehen, daß wir, da unser Errathen doch immer blos durch unsere bereits erworbenen Anschauungen geleitet werden muß, einen Sachverhalt Q annehmen, der zwar diesem Postulat P genügt, sich aber unzulänglich oder widersprechend zeigt, wenn nach und nach auch die andern Postulate p_1, p_2 c. hervortreten, die aus der successiven Berücksichtigung des übrigen Thatbestandes der zu erklärenden Vorgangsgruppe entspringen. Da ist es nun nicht richtig, die Hypothese Q aufzugeben und eine ganz neue R zu versuchen, sondern für jedes der Postulate p_1, p_2 ... muß die besondere Modification oder Nebenhypothese q_1, q_2 .... ausgebildet und hinzugefügt werden, so daß $Q + q_1 + q_2 + ...$ schließlich das Gesammtpostulat befriedigt.

Es ist richtig, daß auf diese Weise die Hypothese zunächst unförmlich wird, obgleich doch schon von selbst die Hinzufügung der

näheren Bestimmungen q_1, q_2 ... in Q einige von deſſen Zügen
auslöſchen und andere ſo modificiren wird, daß ſie mit dieſen Zu-
ſätzen ein verhältnißmäßig einfaches Geſammtbild geben. Noch mehr
kann man darauf hoffen, daß dann, wenn überhaupt der behandelte
Kreis von Vorgängen auf einem einfachen Sachverhalt beruht,
nach ſorgfältiger Hinzufügung aller nothwendigen Nebenhypotheſen
auch die Geſammthypotheſe eben ſo auf einen einfachen Ausdruck
ſich reduciren wird, wie das Facit einer langwierigen Rechnung.

Dagegen muß man durchaus beachten, daß keine Wiſſenſchaft
die Thatſachen einfacher machen kann, als ſie ſind, und daß es
zwar der Wunſch unſerer Erkenntniß iſt, ſie möchten auf möglichſt
einfachen Principien beruhen, daß wir aber durchaus kein Recht
haben, die Erfüllung dieſes Wunſches vorauszuſetzen.

Obgleich nun endlich dieſer Gang der Hypotheſenbildung ſehr
mühſam iſt, und im Vergleich zu einem deductiven Verfahren, das
von Einem Princip ausgeht, ſich nicht vornehm ausnimmt, ſo iſt
er dennoch der einzig zum Ziel führende, und alle von Seiten der
Philoſophie häufig ausgeſprochenen Bemängelungen deſſelben ſind
völlig grundlos.

§ 51.

Ueberblicken wir die verſchiedenen phyſikaliſchen Hypotheſen. —
In der Optik hat die Phyſik nicht die Aufgabe, zu unterſuchen,
worin das 'Weſen des Lichts' beſteht. Dies wiſſen wir im Gegentheil alle; denn Licht iſt nichts anderes als eine wohlbekannte Art
unſeres Empfindens, die nur als ſolche in unſerem Bewußt-
ſein exiſtirt, außerhalb deſſelben aber nirgends. Es bliebe daher
zunächſt blos die Frage, durch welche Vorgänge in unſeren eigenen
Nerven dieſe Empfindung in uns bedingt wird. Dies iſt aber eine
phyſiologiſche Frage, die in Bezug auf alle anderen Empfindungs-
arten ſich wiederholt und deswegen an einem anderen Ort beſſer
behandelt wird. Gewiß iſt blos, daß wir dann, wenn wir dieſen
Nervenvorgang p ganz genau entdeckt hätten, durchaus blos würden
ſagen können, daß thatſächlich auf ihn die Lichtempfindung q folgt,

niemals aber, wie p es eigentlich anfängt, um q hervorzubringen. Lassen wir diese physiologische Frage bei Seite, so geht die noch übrige physikalische blos auf die Ermittlung der Bedingungen, die in der Außenwelt stattfinden müssen, damit in uns Lichtempfindung möglich sei.

§ 52.

Wir wissen nun, daß wir diese Empfindung nicht immer haben. Im Finstern läßt sich die Gegenwart derselben tastbaren Körper constatiren, die unter andern Umständen für uns sichtbar werden. Folglich ist das Leuchten nicht eine inhärirende Eigenschaft, sondern nur ein Zustand der Dinge, der stattfinden und nicht stattfinden kann und der durch nun aufzusuchende Bedingungen in ihnen erzeugt oder von anderen Körpern her, die sich bereits in ihm befinden, mitgetheilt werden muß.

Nun könnte man zunächst diesen Zustand durch eine unmittelbare innere Sympathie in einem Punkt B entstehend denken, sobald er in einem andern Punkt A, dem leuchtenden, vorhanden ist. Und diese Art der Mittheilung des Leuchtens hat man philosophisch zuweilen in der thörichten Absicht versucht, die Lichterscheinungen als Vorgänge höherer, halbgeistiger Art den allgemeinen Gesetzen der Mechanik zu entziehen. Allein die bekannte Erfahrung, daß das Leuchten des Punktes B durch einen Schirm zu verhindern ist, der zwischen ihn und den leuchtenden Punkt A gestellt wird, sowie die astronomischen und terrestrischen Beobachtungen, die eine successive, obgleich sehr schnelle Fortpflanzung des Lichtes von A nach B beweisen, verbieten jeden solchen Gedanken an eine Sympathie, die an gar keine Gesetze des Raumes gebunden sein würde, und nöthigen, ganz allgemein ausgedrückt, zu der Annahme, daß die Bedingungen des Leuchtens (d. h. der Fähigkeit, in uns Lichtempfindungen zu erzeugen) sich in der Zeit von A nach B fortpflanzen.

Nun ist es an sich undenkbar, daß Bedingungen oder Zustände isolirt durch den Raum wandeln; sie bedürfen durchaus reeller Elemente, die ihnen als Vehikel dienen und durch ihre eigenen Bewegungen es eben dahin bringen, daß diese in ihnen realisirten Bedingungen oder Zustände von einem Ort des Raumes auf einen andern übergehen. Auf zwei Arten aber kann diese Bewegung geschehen: entweder ein und dasselbe reelle Element durchläuft den ganzen Raum A B, oder es finden sich auf dieser Linie sehr viele Elemente, von denen jedes sich nur bis zu seinem Nachbar bewegt, diesem seine Zustände mittheilt und dann in Ruhe bleibt, die Bewegung aber von dem zweiten auf das dritte Element u. s. w. bis B fortgepflanzt wird.

§ 53.

Die Emissionstheorie, die vom Lichtquell A allseitig unendlich kleine elastische Elemente mit der Geschwindigkeit der Lichtfortpflanzung ausgeschickt werden ließ, konnte die geradlinige Strahlung und die Reflexion nach dem bekannten Gesetz sehr leicht im einzelnen Fall, dagegen gar nicht die ungestörte Fortpflanzung der unzähligen gleichzeitig von unzähligen Flächen zurückgeworfenen einander durchkreuzenden Schaaren von Lichtstrahlen erklären. Die Brechung des Lichtes mußte sie mit einer Vermehrung der Fortpflanzungsgeschwindigkeit im dichteren Mittel verknüpft denken, wovon die neuern Versuche das Gegentheil beweisen. Für die Erscheinungen der Interferenz und der Polarisation sind neue Hypothesen, die dazu nöthig gewesen wären, nicht ausgebildet worden.

Die andere Hypothese, welche die lichterzeugende Bewegung von Element zu Element übertragen werden läßt, hat unter der Form der Undulationstheorie weitere Ausbildung erfahren. Man sucht zuerst ein deutliches geometrisches Bild derjenigen Fortpflanzung zu gewinnen, welche man braucht, um aus ihr als einer Thatsache die sämmtlichen bekannten optischen Erscheinungen zu erklären. Und diese Vorstellung geht dahin, daß in einem Aether, d. h. einem aus discreten Atomen von außerordentlicher Kleinheit, die unter einander durch elastische Kräfte in Gleichgewichtslagen gehalten werden, bestehenden imponderabeln Medium, irgend welche fremde Kraft kleine Verschiebungen eines Theilchens hervorbringt, welche

dadurch, daß die elaſtiſche Kraft des ganzen Aethers gegen ſie zurück-
wirkt, zu pendelartigen Schwingungen werden, welche jedes Element
ſenkrecht auf die Fortpflanzungsrichtung des Lichtes ausübt, und
eben in dieſer Richtung ſeinem nächſten Nachbar mittheilt. Dabei
wird ferner vorausgeſetzt, daß dieſe Bewegung, die bei einem einzelnen Anſtoß durch Mittheilung an die nächſten Elemente verloren
gehen würde, bei Fortdauer des Leuchtens beſtändig neu erzeugt wird,
mithin Welle ſich an Welle ſchließt. Aus dieſer Vorſtellung laſſen
ſich leicht mathematiſch beſtimmte Folgerungen in Bezug auf den Zuſtand ziehen, in dem ſich jedes Aethertheilchen nach Verlauf beſtimmter
Zeit, vom Anfang der Wellenbewegung gerechnet, befinden muß,
ſowie über die Wirkungen, welche eintreten müſſen, wenn mehrere,
von verſchiedenen Anſtößen ausgangene Wellenbewegungen einander
durchkreuzen.

Ob nun dieſe Vorgänge, die man zur Erklärung b r a u ch t,
mechaniſch möglich ſind, kann nur durch eine analytiſche Unter-
ſuchung ermittelt werden, welche die Bewegungen aufſucht, die in
einem überall gleichartig organiſirten Aether durch die erfolgte Verſchiebung eines Elements fortgepflanzt werden können, unter der
Vorausſetzung, daß die Verſchiebung ſehr klein im Verhältniß zur
gegenſeitigen Entfernung der Elemente iſt, und daß die übrigens
unbekannten Kräfte, welche die Elemente gegen einander ausüben,
mit der Entfernung raſch abnehmen, alſo jedes Element vorwiegend
von ſeinen näheren Nachbarn beeinflußt wird. Die hier möglichen
Bewegungen finden ſich dann durch allgemeine Gleichungen beſtimmt,
denen durch die mathematiſchen Eigenſchaften der hypothetiſch angenommenen Wellenbewegung genügt werden kann, und zwar ſo, daß
ſowohl l o n g i t u b i n a l e als t r a n s v e r ſ a l e Wellen möglich ſind,
von denen die erſteren, falls ſie geſchehen, für die Erzeugung der
Lichtempfindung ohne Einfluß ſind, die anderen aber diejenigen dar-
ſtellen, welche die Erſcheinungen der P o l a r i ſ a t i o n als die einzigen
Formen der Lichtbewegung anzunehmen nöthigen. — Auf dieſem Zu-
ſammenhang unſerer Unterſuchungen beruht das Zutrauen, in der

Vorstellung dieser Wellenbewegungen den wirklichen Vorgang errathen zu haben, der den optischen Phänomenen zu Grunde liegt.
Dagegen ist es unmöglich, diesen Vorgang selbst aus seinen einfachen physischen Ursachen von Grund aus zu construiren.

§ 54.

Die einfachsten optischen Erscheinungen, die geradlinige
Strahlung die Reflexion die einfache Brechung, werden durch
diese Theorie zwar weit umständlicher als durch die Emissionslehre,
aber befriedigend aufgeklärt, Reflexion und Brechung als zwei zusammengehörige Vorgänge erwiesen, und die letztere auf geringere
Geschwindigkeit des Lichtes im dichteren Mittel, also überein-
stimmend mit den Erfahrungen, zurückgeführt. Die Erscheinungen
der Interferenz werden ganz anschaulich, und zwar sowohl durch
longitudinale als durch transversale Schwingungen; die der Polarisation entscheiden für die letztere Art. Zugleich aber geht aus
der mathematischen Behandlung dieser Undulationen die Möglichkeit
hervor, daß (nach einem Gesetz der Superposition kleiner
Bewegungen) verschiedene Wellen sich in demselben Medium durchkreuzen können, und nach den Durchkreuzungspunkten sich mit ihrer
vorigen Form und Richtung weiter fortpflanzen können, eine Folgerung, die durch den bekannten Anblick einander durchkreuzender
Wasserwellen eine anschauliche Illustration erfährt.

§ 55.

So bewundernswürdig die bisherigen Leistungen dieser Theorie
sind, so enthält sie doch Schwierigkeiten, die eine spätere Umformung
als nöthig erscheinen lassen, obgleich durchaus nicht einzusehen ist,
in welcher Weise sie geschehen wird.

Die Vorstellung eines ganz isotropen Aethers läßt sich zwar
als Vorstellung einer Thatsache fassen, doch ist noch nicht klar, durch
welche allgemeinen Wirkungsweisen der Aether-Elemente gegen einander sie realisirt werden könnte. Bedenklicher ist das Verhalten
des Aethers gegen die ponderablen Massen. Für die Undula-

tionstheorie gilt der Aether zwar als unendlich feiner, aber doch eigentlich starrer elastischer Körper, der kein Durcheinanderfließen der Elemente gestattet. Nun wäre es zwar möglich, den Aether als vollkommen durchdringlich für die ponderablen Körper anzusehen. Allein die Thatsachen der Reflexion und der Undurchsichtigkeit beweisen doch einen irgendwie beschaffenen Widerstand, den ihm die Körper leisten. Es ist daher nicht klar, wie dann, wenn die ponderablen Körper sich innerhalb des unendlichen Aethers bewegen, dabei die Structur des letzteren so unverletzt bleiben kann, wie es vorausgesetzt werden muß, damit die regelmäßige ungestörte Durchkreuzung unzähliger reflectirter Wellen möglich werde.

Nicht ein Widerspruch, aber eine Lücke ist es ferner, daß in einem und demselben Aether und nach einer und derselben Richtung, folglich jedenfalls auch bei gleicher Elasticität des Aethers zur Erklärung der verschiedenen Farben Lichtwellen von verschiedener Länge angenommen werden müssen, ohne daß ein physischer Grund (der in der Erzeugungsweise des Lichtes liegen müßte) für diese unerwartete Verschiedenheit angebbar ist.

Auch nicht als Lücke, sondern nur als noch ungelöste Aufgaben betrachten wir alle die Fragen über die bestimmteren Zusammenhänge zwischen den ponderablen Körpern und demjenigen Aether, den wir innerhalb derselben und zwischen ihre Elemente vertheilt vorstellen. Bisher hat man bei Gelegenheit der Reflexion und Brechung diese Körper blos als räumliche Volumina behandelt, innerhalb deren der Aether andere Dichtigkeit und Structur hat, als außerhalb derselben. Dagegen wie eigentlich diese Eigenschaften durch die ponderablen Elemente bedingt werden, und wie zwischen diese hindurch das Licht entweder sich ungestört fortpflanzen kann oder absorbirt wird, und über vieles hiermit Zusammenhängende, sowie über die erste Entstehung der Lichtwellen besitzen wir bisher keine allgemeinen Vorstellungen, ohne daß deshalb alle diese Probleme als Gegengründe für die Undulationshypothese gelten dürfen.

§ 56.

Auch die Wärme ist zunächst nur ein bekanntes Gefühl. Physikalisch handelt es sich blos um die äußern Bedingungen, die einestheils unsere Nerven veranlassen, uns dies Gefühl zu erregen, und die andrerseits die Volumenveränderung der äußern Körper hervorbringen, welche zugleich mit unserer Empfindung aus denselben Bedingungen entsteht.

Die frühere Annahme, eines Wärmestoffes, konnte niemals bedeuten, daß dieser Stoff blos durch seine Existenz Grund dieser veränderlichen Erscheinungen sei. Er mußte entweder durch unmittelbare Kräfte auf uns und auf die Körper wirken, und die Veränderlichkeit seiner jedenfalls auf sehr kleine Entfernungen beschränkten Wirksamkeit mußte dann von Bewegungen abhängen, durch die dieser Stoff sich an verschiedenen Punkten veränderlich anhäuft; oder seine Wirkung mußte in Bewegungen bestehen, die er den Körpern durch Mittheilung überträgt. Im letztern Fall konnte bei längerer Dauer einer Erwärmung diese Bewegung nicht wohl in etwas anderem als in einer Oscillation der ihren Ort nicht wesentlich verändernden Elemente des Stoffes bestehen.

Man ist gegenwärtig nicht viel weiter gekommen. Die Phänomene der strahlenden Wärme, welche sich durch Geschwindigkeit der Verbreitung, Reflexion und Brechung ganz den Lichtphänomenen anschließen, auch in Gemeinschaft mit diesen zu entstehen pflegen, erfordern noch immer die Annahme eines imponderablen Substrats, das aber nicht eben von dem Lichtäther verschieden zu sein braucht. Es hat kein Bedenken, sich vorzustellen, daß die Bewegungen dieser imponderablen Elemente im Stande sind, ähnliche Schwingungen auf die Elemente der ponderablen Körper überzutragen, sodaß die Temperatur der letzteren nach der Intensität der so erlangten Bewegungen ihrer kleinsten Theilchen gemessen würde, die sie selbst dann wieder auf andere Körper durch Mittheilung übertragen könnten. Die neue Erkenntniß der Gegen-

wart besteht nur darin, daß mechanische Einwirkungen, welche direct
die ponderablen Elemente der Körper treffen, im Stande sind
sie in dieselbe Form der innern Bewegung zu bringen, also Wärme
zu erzeugen, die dann sich auch wieder den imponderablen
Elementen mittheilen und selbst Lichtschwingungen veranlassen
kann. — Was sich von selbst verstand, daß nämlich dann, wenn
überhaupt Wärmevorgänge und mechanische Bewegungen untereinander
sich bedingen, diese wechselseitige Bedingung eine gesetzliche
sein muß, ist außerdem empirisch bewiesen, und in dieser Auffindung
des Wärmeäquivalents nach mechanischem Maßstab besteht
die wichtigste Erweiterung, welche die Lehre von der Wärme
gefunden hat.

§ 57.

Die electrischen Phänomene zeigen uns, daß ein nicht
immer vorhandener, durch verschiedene Mittel erzeugbarer Zustand
eines Körpers a, welchen wir seine Electrisirung nennen, eine
sonst nicht vorhandene Fernwirkung, und zwar Anziehung,
auf unelectrische Körper hervorbringt.

An sich liegt nichts Widersprechendes darin, daß ein veränderter
Zustand eines Körpers unmittelbar auch die inneren Zustände
eines andern so verändert, daß aus ihrer jetzigen Beziehung
auf einander die Nothwendigkeit einer Annäherung entsteht.

Wenn man aber weiter zwei Körper, b und c, von a bis
zur Berührung anziehen läßt, so tritt nachher Abstoßung
beider von a und zugleich beider von einander ein. Da nun b
und c hierbei jedenfalls von a in denselben Zustand versetzt
werden, so folgt, daß die Gleichheit des electrischen Zustandes
zweier Körper die Ursache ihrer Abstoßung ist, und consequent
die Ursache der Anziehung nur in entgegengesetzten Zuständen
liegen kann.

§ 58.

Die Frage nun, worauf diese entgegengesetzten Zustände beruhen,
läßt sich kaum dahin beantworten, daß sie in bloßen Be-

wegungszuständen der ponderablen Körperelemente
bestänben.

Daß überhaupt eine solche Bewegung, auch ohne Mittheilung,
eine unmittelbare Ursache für Zustandsänderungen eines zweiten
Körpers werden könne, kann im Allgemeinen nicht wiberlegt werden.
Allein es würde sehr schwer sein, jene Bewegungen zu definiren.
Da ein electrisirter Körper a einem unelectrischen b in der Berührung immer blos benselben Zustand mittheilt, nicht aber
alternirend ben einen und ben entgegengesetzten, je nachdem die
Berührung in der einen ober in der andern Phase einer in a
vorgehenben geradlinigen Oscillation der kleinsten Theilchen statt-
fänbe, so kann nicht eine solche, sonbern höchstens eine krumm-
linige, geschlossene Bahn angenommen werben, die in bem
einen Körper in der Richtung a b c a, in bem andern in der Richtung a c b a durchlaufen würde. Allein da außerdem der Zustand,
der von a bem b mitgetheilt wird, auch unabhängig von der
Stellung beiber zu einanber ist, so würde auch eine solche Ro-
tation der kleinsten Elemente nicht ausreichen, da sie bei ent-
gegengesetzter Stellung mit ber entgegengesetzten gleich sein würde,
unb folglich wieber ein fester Entscheidungsgrund für die Art des
mitzutheilenden Zustandes fehlte.

Anbere Ibeen gehen bavon aus, ben einzelnen Körperelementen
eine 'polare Beschaffenheit' zuzuschreiben: die entgegengesetzten electrischen Zustände würben bann in Bewegungen bestehen,
welche in bem Körper alle Pole der einen Art entweder nach der
Oberfläche ober nach bem Innern richteten. Allein einestheils hätte
man gar keine Vorstellung über die Einwirkungsart, die im Stande
wäre biese Richtungen hervorzubringen, wenn man nicht die in
ber Electricitätslehre angewöhnten Gebanken bereits zu Grunde
legte; anderntheils ist ein solches 'polares' Element zuletzt blos zu
benken, wenn es aus zwei, qualitativ verschiebenen Elementen a
unb b besteht. Da nun jeder Körper, wenigstens vorübergehend,
electrisirt werben kann, die 'polaren' Elemente der anbern aber

aus qualitativ andern Stoffen c d oder e f zusammengesetzt sein
können, so würde man annehmen müssen, daß zwischen a und c
und zwischen b und d u. s. w. trotz ihrer qualitativen Verschiedenheit doch ein ganz analoges gegenseitiges Verhalten und ebenso
zwischen a und b und zwischen c und d dieselbe Art des Gegen-
satzes stattfinden müßte; b. h. man müßte wenigstens annehmen,
daß diesen verschiedenen Materien eine von zwei Eigenschaften,
entweder + e oder — e, entweder beständig oder von Paar zu
Paar veränderlich, zukommen müsse.

Es ist aber unmöglich, diese beiden, + e und — e, als zwei
Prädicate anzusehen, von denen das eine oder das andere zu der
Prädicatsumme jedes Körpers inhärirend gehöre, etwa so, wie
die Gravitation den qualitativ verschiedensten Materien zukommt.
Denn einerseits kommen beide nur auf den äußern Oberflächen
der Körper und weder im Innern noch auf innern Oberflächen
vor; sie lassen sich ferner, wenn die innere Oberfläche zur äußern
wird, ohne Zeitverlust auf diese übertragen; sie gehen momentan
durch jede noch so kleine Berührungsstelle auf andere Körper über;
endlich erzeugt ein electrisirter Körper a in einem unelectrischen
beide Zustände, + e und — e, und zwar so vertheilt, daß das
dem a ungleichartige e auf der dem a zugewandten, dagegen das
gleichartige e auf der abgewandten Oberfläche erscheint. Alle diese
und bekannte ähnliche Erscheinungen lassen sich in den Ausdruck
zusammenfassen, daß ein gleichartiger electrischer Zustand immer
nach den Theilen eines Körpers hinstrebt, die am weitesten von
einander entfernt sind.

§ 59.

Man kann für diese Umstände keinen anschaulicheren Ausdruck
finden, als wenn man die beiden Zustände + e und — e auf
zwei selbständige Substrate, die beiden electrischen Fluida,
deutet, die einander anziehen, während die Theile eines jeden einander abstoßen. Und in der That würde es schwer sein, ohne diese
Hypothese auch nur den Thatbestand dieser äußerst mannigfachen

Phänomene zu schildern. Aber es ist auch philosophisch mindestens kein Grund gegen die factische Gültigkeit dieser Vorstellungen
vorhanden.

Wenn auch der positive Charakter, der bei aller sonstigen
Gleichheit des Verhaltens den eigenthümlichen Gegensatz beider
Fluida begründen müßte, uns nicht bekannt ist, so ist damit doch
nicht gesagt, daß beide in nichts, als in diesem Gegensatz sich
unterschieden. Auch in Bezug auf alle andern Substanzen be-
gegnet uns das Nämliche: ihre Natur läßt sich immer blos durch
eine Gruppe specifischer Coefficienten bestimmen, von denen jeder
das Maß ausdrückt, in welchem die Substanz an allgemeinen
physischen Eigenschaften und Wirkungen Theil nimmt. Was dagegen an sich Das ist, von dem diese Theilnahme behauptet wird,
ist immer unsagbar. Und so werden auch die Electricitäten nicht
blos eine das Gegentheil der andern, sondern jede etwas für sich
sein, obgleich beide blos durch ihren Gegensatz für uns bemerkbar
werden.

Zweckmäßiger wäre es vielleicht, obgleich physikalisch ohne Bedeutung, vielmehr die neutrale Electricität als den ursprünglichen Stoff anzusehen, dessen uns übrigens unbekannte Natur
unter Bedingungen sich in zwei entgegengesetzte, deßhalb einander
bedürfende und zur Wiederausgleichung sich anziehende Modificationen zerspaltet, obgleich aus diesem Gedanken zwar eben diese Anziehung, aber nicht gleich unmittelbar die Abstoßung der gleichartigen
Electricität folgen würde. Die neutrale Electricität würden wir
aber dann nicht als bloßes Zusammensein gleicher Mengen $+$ e und
$-$ e in demselben Raumpunkt ansehen, so daß beide fortführen
ihre Anziehungen und Abstoßungen auf einen Punkt außerhalb
auszuüben und diese sich blos im Effect aufhöben, sondern als
eine wirkliche Neutralisirung, in welcher weder $+$ e noch $-$ e
noch vorhanden sind und deßhalb jene Kräfte nach außen überhaupt
nicht mehr ausgeübt werden. Gegen einander nämlich würden
wir $+$ e und $-$ e als völlig durchdringlich ansehen, nicht

als blos juxtaponirbar. Ihre gleichzeitige Gegenwart an demselben Punkte würde uns aber für Neutralisirung blos dann gelten, wenn beide in Ruhe sind. Wenn aber ein Einfluß von außen das neutrale e spaltet, so werden in einem untheilbaren Augenblicke beide e in demselben Punkte als geschiedene vorhanden sein, d. h. durch einander hindurchgehen, und es wird mithin für einen electrischen Strom, abgesehen von dem ponderablen Substrat, in dem er fließt, nicht eine Doppelheit von Wegen für beide e zu suchen sein. Da von selbst sich e nicht differentiirt, ein permanent electrischer Zustand eines Körpers aber nicht vorkommt, so wird es nöthig sein, verschiedenen Körpern eine Anziehung gegen + e oder — e so zuzuschreiben, daß das Zusammenwirken beider Körper die gegenseitige Anziehung von + e und — e überwindet. Ob diese electromotorische Kraft durch bloßen Contact oder durch chemische Einwirkung der Körper hervorgebracht wird, ist dann keine principielle Frage; denn auch im letzteren Fall würde die Spaltung von e von den chemisch zusammenwirkenden oder durch diese Wirkung entstehenden Stoffen auf die vorige Weise entspringen. —

Die magnetischen Erscheinungen haben eine schematische Reduction auf electrische erfahren. Indessen wird die Hypothese von Ampère, welche dem Magneten einen cylindrischen Körper substituirt, dessen Atome durch electrische, zu seiner Längenaxe transversale Ströme umkreist werden, zunächst nur für eine taugliche Fiction gelten können, bis bessere Kenntniß der Structur von Körpern die Unwahrscheinlichkeit einer so specialisirten Voraussetzung aufhebt.

§ 60.

In den chemischen Vorgängen soll die qualitative Natur, durch welche ein Element von anderen sich unterscheidet, als die Mitbedingung des Erfolgs gedacht werden, der aus der Wechselwirkung mehrerer Körper entspringt.

Die hierin liegende Voraussetzung einer Mehrheit ursprünglich verschiedener Elemente bietet keinen Grund zum Zweifel. Einheit kann man philosophisch blos in Bezug auf die allgemeinsten Gesetze alles Naturwirkens und in Bezug auf den Plan verlangen, der die ursprünglichen Dispositionen der Bestandtheile bestimmt. Dagegen ist es ganz natürlich, ursprüngliche Mannigfaltigkeit derjenigen Substrate zu erwarten, die jenen Gesetzen als Anwendungspunkte und diesem Plan als Mittel dienen. Setzt man dabei die Natur als ein zusammenhängendes Ganze voraus, so ist außerdem wahrscheinlich, daß diese mannigfaltigen Elemente doch nicht sind, wie sie wollen, d. h. nicht principlos mannigfach, daß sie vielmehr, wie neuere Untersuchungen finden, sich in Gruppen systematisiren lassen, deren Glieder selbst wieder unter einander sich auf analoge Weise unterscheiden. Aus diesen Umständen kann man nicht folgern, daß die chemischen Elemente aus einer und derselben Materie beständen, und zwar als blos secundäre Modificationen derselben. Man würde überdies solche 'Modificationen' nur in der Verschiedenheit der Anzahl, der Gestalt und Stellung, sowie der innern Bewegung der kleinsten Theilchen finden können, die in jedem dieser Elemente zu einem System vereinigt sind. Es blieb dann sehr schwer, nachzuweisen, warum in dem ganzen Naturlauf mit den außerordentlich mannigfachen Umständen, unter denen Körper auf einander wirken, doch niemals das eine dieser Systeme, d. h. das eine Element, in ein anderes umgewandelt wird, da doch eben die gemeinsame Materie, die allen zu Grunde liegen soll, sowohl die Form des einen als die des andern Systems anzunehmen befähigt ist. — Völlig dahingestellt bleibt natürlich die Abgeschlossenheit der gegenwärtig bekannten Anzahl der in einander nicht zu verwandelnden Elemente.

§ 61.

Als erstes Erforderniß einer chemischen Verbindung, im Gegensatz zu blos mechanischer Mengung, gilt die homogene Zusammensetzung des Products in allen seinen Theilen.

In völliger Strenge, so daß jeder Punkt des Products die beiden verbundenen Elemente a und b in ganz gleicher Weise enthielte, wäre diese Forderung blos unter Voraussetzung wirklicher Durchbringung von a und b erfüllbar. Läugnet man diese, wie allgemein jetzt geschieht, so besteht die Homogeneität nur darin, daß es für das Raumvolumen des Products ab irgend eine Theilungsweise gibt, nach welcher gleichgroße Raumtheile desselben gleichviel leeren Raum und gleichviel von a und b enthalten, und auch die Entfernungen zwischen a und a, b und b, und a und b nach gleichen Richtungen dieselben, obwohl nach verschiedenen verschieden sind. Allein dieser Zustand gleichförmiger Mengung kann jedenfalls durch mechanische Kräfte hervorgebracht werden, wie denn z. B. zwei Pulver durch Verreibung ihr mindestens sehr angenähert werden können.

Man muß also hinzufügen: chemische Verbindung sei nur diejenige homogene Mengung, die durch die eigenen Kräfte der Bestandtheile hervorgebracht und, wo sie gestört werden könnte, durch dieselben Kräfte wieder hergestellt würde. Auch dies aber paßt auf Fälle, die man nicht ohne Einschränkung für chemische Verbindungen gelten läßt: auf die Verbindung von Gasarten, die sich in einander diffundiren in jedem Verhältnis ihrer Mengen; auf die Lösungen fester Körper in Flüssigkeiten, ohne daß es ein Maximum der letzteren gibt, bei welcher die Mengung noch gleichförmig wäre; auf die Verbindungen flüssiger Metalle, die immer homogene Legirungen geben.

Man spricht von eigentlich zweifellos chemischen Verbindungen zunächst erst dann, wenn die beiden verbundenen, z. B. gasförmigen, Elemente a und b ein Product z von anderem Aggregatzustand hervorbringen, das eben dadurch als ein individuell zusammengehöriges Ganze für uns kenntlich wird und sich von dem übrigen, etwa zurückbleibenden, Gemenge der Stoffe selbst abscheidet. Von diesen Producten der Form z gilt nun allgemein, daß ihre Bestandtheile sich immer in festen Verhältnissen ihrer

Gewichtsmengen verbinden, d. h. wenn a mit b eine Verbindung dieser Art geben soll, so müssen die Gewichte beider sich
wie α zu β verhalten; wenn a und c sich verbinden sollen, sind die
Gewichte wie α und γ; aber auch, den thatsächlichen Erfahrungen zu-
folge, wenn b und c, oder c und d sich verbinden, wie $\beta : \gamma$ und $\gamma : \delta$.

Endlich müssen wir hinzufügen, daß die eigenthümliche Ver-
bindungsweise, die in diesen Fällen vorkommt, auch ohne Aenderung
des Aggregatzustandes vorkommen kann, daß also z. B. eine homogene Mengung der Gase a und b in dem Verhältniß $\alpha : \beta$ sich
noch wesentlich, obwohl auf eine vorläufig unbekannte Weise, von
dem chemisch zusammengesetzten Gase ab unterscheidet, in welchem
beide Elemente in demselben Verhältniß $\alpha : \beta$ stehen.

§ 62.

Nach den modernen chemischen Theorien besteht jedes einfache
Element a, b, c aus Atomen von den Massengewichten α, β, γ.
Gibt es daher Verbindungen ab, bc oder ac, so haben sie noth-
wendig die Zusammensetzung $m\alpha + n\beta$, $p\beta + q\gamma$, $r\alpha + s\gamma$, wo m,
n, p, q, r, s ganze und erfahrungsmäßig kleine Zahlen im Spiel-
raum von 1 bis 6 sind.

Im Gaszustande sind jedoch diese Atome selten (bei Queck-
silber) isolirt, sondern zu Gruppen, und zwar für die meisten Elemente paarweis, verbunden. — Von diesen Gruppen oder Mole-
cülen enthalten bei gleichem Druck und gleicher Temperatur alle
Gase in gleichem Volumen eine gleiche Anzahl.

Diese Hypothese Avogabro's (1811) erlaubt einestheils die
Structur aller Gase gleich zu denken, was ihr gleiches Verhalten gegen
Wärme und Druck zu erfordern schien, und gewährt anderntheils eine
deutliche Ansicht der Verbindungen gasförmiger Elemente, welche er-
fahrungsgemäß nach einfachen Volumenverhältnissen geschehen.

Man nennt einwerthig die Elemente einer ersten Classe:
Wasserstoff H, Chlor Cl, Jod J, Brom Br. Von ihnen verbindet
sich ein Volumen des einen mit einem Volumen des andern zu

zwei Volumen des neuen Productes, mithin ohne Verdichtung.
Die Molecüle, z. B. HH und ClCl, spalten sich hier, und die
Hälfte des einen tritt mit der Hälfte des andern zu dem Molecül
des neuen Gases, hier der Salzsäure HCl, zusammen. Nach
dem gleichen 'Typus' entstehen HJ — Jodwasserstoff, JCl ꝛc.
Zweiwerthig heißt eine andere Classe von Elementen, unter
ihnen Sauerstoff O und Schwefel S, weil ein Volumen derselben
mit zwei Volumen des H oder eines andern einwerthigen Ele-
ments zu zwei Volumen des neuen Gases, also mit Verdichtung
auf zwei Drittel des vorigen Volumens zusammentritt. Auch hier
spaltet sich das Molecül OO, und jede Hälfte tritt mit einem ganzen
Molecül HH zusammen: der Typus des Wassers OH₂.
Eine dritte Classe, worin Stickstoff N, verbindet mit einem
Volumen N drei Volumen von H zu zwei Volumen des neuen
Gases, hier Ammoniak, also mit Verdichtung auf die Hälfte des
frühern Volumens. Es findet sich dann ein Atom N mit drei
Atomen H verbunden.
Zu diesen drei 'Typen' (Gerhardt) kommt namentlich noch
ein vierter (Kekulé, 1857), der des Grubengases, in welchem
ein Volumen des freilich nur hypothetisch angenommenen gasförmigen Kohlenstoffs C sich mit vier Volumen H zu zwei Volumen
verbindet, so daß also C vierwerthig sein würde, d. h. im Stande
durch eines seiner Atome vier Atome einwerthiger Elemente an
sich zu binden. — Die fortgesetzte Untersuchung hat dann weiter
auch noch zu der Annahme fünf- und sechswerthiger Elemente
und zur Aufstellung der entsprechenden Typen geführt.

§ 63.

Viele Elemente sind gasförmig nicht zu erhalten. Eine all-
gemeinere Betrachtung muß sich daher an die Gewichtsverhältnisse
ihrer Verbindungen halten, die dann nicht ohne weitere zum Theil
künstliche Annahmen mit den vorerwähnten Anschauungen zu ver-
einigen sind.

Man nennt 'gesättigt' die Verbindungen nach den vorigen Typen. Aber außer ihnen kommen viele ungesättigte vor, in denen das eine Element in geringerer Atomenzahl vorhanden ist, als mit dem andern verbunden sein könnte. Diese Verbindungen sind nicht immer lockerer und veränderlicher als die gesättigten. — Nun könnten alle bisher erwähnten Thatsachen leicht auch mit einer Vorstellung von stetiger Ausdehnung der Materie vereinigt, obgleich nicht eben aus ihr abgeleitet werden. Dagegen theils diese ungesättigten Verbindungen, ganz besonders aber die That-sache der Isomerie, d. h. des völlig verschiedenen physischen und chemischen Verhaltens zweier Stoffe, die aus gleichen Mengenver-hältnissen derselben Elemente bestehen, hat darauf geführt, nicht blos ein Zugleichsein dieser Elemente, sondern auch eine Ver-schiedenheit ihres Zugleichseins anzunehmen, welche dann blos noch in verschiedener räumlicher Lagerung der jetzt außer einander bleibenden Atome zu denken ist.

Die häufig gehörte Aeußerung, die in diesem Sinn entwor-fenen graphischen Schemata für die Stellung der Atome seien nur bildlich zu verstehen, ist selbst unverständlich. Man muß sie viel-mehr in vollem Ernst nehmen, und die bisherigen Theorien geben keine Vorstellung darüber, wie aus gleichen Bestandtheilen ohne diese Verschiedenheit wirklich räumlicher Anordnung eine Verschie-denheit der Zusammensetzung entstehen könnte. Auch eine stetig ge-dachte Materie würde solche Unterschiede des Verhaltens nur als vorübergehende Zustände, nicht als dauernde Charaktere zweier Stoffe begreiflich machen.

Man hat ferner zu ähnlichen Zwecken, und gleichfalls nur unter derselben Voraussetzung verständlich, die Annahme gemacht, in der Structur einer chemischen Verbindung wirke jedes Atom nur auf seine nächsten Nachbarn, nicht aber alle auf alle. Daher entstehe eine kettenförmige Verbindung der Atome, die zu äußerst mannig-faltigen bald linienförmigen, bald ringförmig geschlossenen Gestalten der Molecüle führen könne, und zwar so, daß auch die chemische

Sättigung eines mehrwerthigen Atoms theilweis durch ein anderes Atom desselben Elements erfolgen könne. — Diese Annahmen würden, wenn sie nicht durch ganz bestimmte Bedingungen beschränkt werden können, zu ganz phantastischer Willkür und zu Constructionen des Unmöglichen ebenso leicht führen, wie zu der des Möglichen.

§ 64.

Bei alledem bleibt noch die Frage übrig, in welchem Zustand sich die verbundenen Elemente befinden, wenn die Verbindung fertig ist, und durch welche Kräfte diese erzeugt wird.

Einen völlig unzweideutigen Unterschied zwischen mechanischer und chemischer Verbindung machte die ältere längst vergessene Ansicht, daß in chemischer Verbindung zwei Elemente a und b in ein drittes gleich einfaches c verschmelzen, welches gar nicht mehr aus a und b besteht, sondern blos aus ihnen entsteht, und welches, wenn Bedingungen eintreten, die denen seiner Entstehung entgegengesetzt sind, auch wieder in a und b sich zurückverwandelt. Ihren speculativen Hintergrund hat diese Ansicht darin, daß alle einzelnen realen Elemente nicht als primitive Substanzen, sondern als Actionen eines einzigen unendlichen Realen gelten. In dem Sinne, welcher die Productionen dieses Realen beherrscht, kann es wie in jedem zusammenhängenden Gedankensystem Gründe geben, welche eine bestimmte Verbindung der Actionen a und b in der That einer neuen c äquivalent machen, in welcher a und b ebenso wenig noch als fortdauernde Bestandtheile zu bemerken sind, wie in einer resultirenden Bewegung die beiden Componenten noch unterscheidbar sind. Daß nun an ein solches c sich ganz neue Eigenschaften knüpfen können, die nicht aus der bloßen Addition derer von a und b, sondern zugleich aus der eigenthümlichen Stellung hervorgehen würden, welche das Zusammensein von a und b in einer bestimmten Beziehung z für jenes ganze Gedankensystem haben würde, versteht sich eben so leicht. — Allein wenn auch diese Charaktere der chemischen Verbindungen mit jenem Grundgedanken leicht vereinbar find, so sind sie doch gar nicht im Speciellen aus ihm ableitbar. Nur muß im Voraus bemerkt werden, daß derselbe Mangel bis jetzt allen andern Theorien auch anhängt. Aus den Verhältnissen der zusammensetzenden Bestandtheile sind die physischen Eigenschaften des entstehenden Productes a priori nach keiner Theorie zu debu-ciren, sondern blos nach Analogien dessen, was man schon em-pirisch weiß, zu errathen.

§ 65.

Nach dieser Ansicht (die zunächst freilich die Durchbringung stetig ausgedehnter Materie durch einander voraussetzte, aber auch eben so gut als Durchbringung der Atome gefaßt werden könnte) folgt eine zweite, welche die chemische Affinität noch wesent-lich von den in der Mechanik vorausgesetzten Kräften unterscheidet. Die letzteren entspringen zwischen zwei Massen immer, gleichviel wie deren relative Größen sind, und nehmen zu mit dem Product beider Massen. Auch die kleinste Masse wird daher die größte immer in eine Bewegung versetzen und bei keiner Größe der letzteren ganz wirkungslos sein. Für die chemische Affinität würde man da-gegen voraussetzen, sie sei eine Kraft, welche dann, wenn sie ein gewisses Maß ihres Effects erreicht hat, eine Veränderung der inneren Zustände der wirkenden Massen hervorgebracht hat, bei welcher diese nicht mehr den Grund zu weiterer Wirkung enthalten, also die Kraft sich erschöpft. Die beiden Elemente a und b würden hier-bei, als solche, fortdauern; nur ihre Wechselwirkung würde an ein bestimmtes Mengenverhältniß geknüpft sein, die chemische Affinität also einen Sättigungspunkt besitzen.

Philosophisch ist gar nichts gegen diese Vorstellung einer Kraft einzuwenden, die gleichsam mit dem Maß ihrer Befriedigung ab-nimmt. Im Gegentheil ist diese Vorstellung im Grunde die natür-lichere und die der Mechanik künstlicher. Auch ist es immer noch zulässig, anzunehmen, daß die Affinität, da sie doch überhaupt, um wirksam zu werden, gewisser äußerer Bedingungen z bedarf, mehrere

Verbindungen eines Stoffes mit einem zweiten zuläßt, da mit der Veränderung von z auch die inneren Zustände von a und b andere werden und eine neue Affinität wieder erwecken können. Ableitbar freilich sind diese Verhältnisse speciell aus dieser Theorie so wenig, wie aus der vorigen.

Den Zustand von a und b während der Verbindung würde dann ein ruhiges Gleichgewicht des Nebeneinanderseins bilden, welches den Kräften, die die Verbindung stören wollten, einen sehr starken Widerstand entgegenstellt.

§ 66.

Eine dritte Ansicht würde die chemische Affinität ganz den gewöhnlichen Anziehungskräften ähnlich denken, so allerdings, daß sie zwischen je zwei Elementen ihre besondere eigenthümliche Intensität hätte, aber doch von einem Atom des einen sich auf jede beliebige Menge des andern erstreckte. Die Nothwendigkeit, daß a sich nur mit ganzen Atomen von b verbinden kann, bedingt dann die sprungweis fortschreitende Zusammensetzung. Daß aber ein Atom von a sich nur mit einer geringen Anzahl von b verbindet, müßte dann äußere Gründe haben.

Wollte man hier auf bestimmte Gestalt, Polarität und Größe der Atome recurriren, so würde man blos neue Gegenstände schaffen, die wieder einer Erklärung bedürften. Man könnte eher daran denken, daß z. B. der Erde die Rotationsgeschwindigkeit es unmöglich machen würde, alle die Massen festzuhalten, gegen die sie doch Anziehung ausübt. Ebenso würde ein Atom a gegen jede Menge der Atome von b sich in chemischer Spannung befinden, eine Verbindung aber von festem Gleichgewicht unter verschiedenen Umständen nur mit verschiedenen bestimmten Anzahlen der Atome von b aufrecht erhalten. Aber es bleibt ganz dahingestellt, und ist jetzt durch glaubhafte Hypothesen nicht zu entscheiden, worin die Umstände beständen, die hier der Rotationsgeschwindigkeit jenes Gleichnisses entsprächen.

§ 67.

Besondere Betrachtung erfordern endlich die Zersetzungen. Wenn von den vier Elementen a, b, c und d je zwei sich in verschiedenem Maße anziehen, z. B. a und c, sowie b und d stärker als a und b, und c und d, so kann doch aus dem Zusammen- kommen der Verbindungen ab und cd an sich nichts weiter als eine Verbindung a b c d hervorgehen. Denn aus bloßen Anzie- hungen kann mechanisch kein repulsiver Effect entspringen. In dieser Zusammensetzung würden freilich a und b mit geringerer Stärke an einander haften als a und c. Wenn es daher eine Ur- sache gibt, die, von außen einwirkend, den Zusammenhang dieser Verbindung stören könnte, so wird sie allerdings b allein oder in Verbindung mit d leichter abtrennen, als sie a von c trennt.

Solche äußere Ursachen aber muß es denn auch zu jeder Zersetzung geben. Sie können theilweis in den Eigenschaften liegen, welche die Atome der einzelnen Elemente haben, und in der Art, wie sie gegen einander zu wirken suchen. Wäre z. B. b bei bestimmter Temperatur gasförmig, so könnte das Expansionsbestreben seiner Bestandtheile groß genug sein, um es von ac zu trennen, welches bei gleicher Temperatur ein geringeres Volumen beibehält.

Es lohnt der Mühe nicht, solche Vorstellungen hypothetisch weiter auszumalen. Was uns in der Chemie jetzt fehlt, ist die vollständige Berücksichtigung der Umstände, unter denen eine Ver- bindung zu Stande kommt, z. B. der Mitwirkung des Druckes, der Temperatur, der Electricität und des Lichtes; ferner eine empirisch beglaubigte Vorstellung über den Zustand, z. B. der Verdichtung, der Cohäsion, des Aggregatzustandes überhaupt, der Elasticität des entstandenen Productes. Unsere bisherigen Formeln charakteri- siren eigentlich eine chemische Verbindung nicht, sondern im Allge- meinen geben sie blos die Bestandtheile an, die man aus ihr erhalten kann; alles Uebrige, namentlich alle physikalischen Eigen- schaften des Productes lassen sich aus ihnen nicht ableiten. — Dies

ist kein Tadel, sondern eine Klage; es ist sehr leicht Wünsche aus-
zusprechen und sehr schwer sie zu befriedigen.

§ 68.

Besondere Schwierigkeiten haben in der Theorie immer die
molecularen Gegenwirkungen gemacht, auf denen die Aggregatzustände beruhen. Es ist nicht schwer, die empirisch bekannten
Eigenschaften derselben mathematisch zu formuliren, aber
bisher nicht möglich gewesen, einfache physikalische Ursachen
nachzuweisen, durch welche diese Bedingungen erfüllt werden könnten.

Ein häufig angeregter Zweifel ist der, ob es z. B. zur Erklärung von Gestalt und Volumen eines Körpers erlaubt sei, seinen
Atomen Anziehung und Abstoßung gegen einander (natürlich
mit verschiedener Intensität und verschiedener Abhängigkeit derselben
von der Entfernung) zu gleicher Zeit zuzuschreiben. — Ohne
Zweifel würde dies nun ein Widerspruch sein, wenn wir die Kräfte
als unveränderliche, den Elementen ursprünglich inhärirende Eigenschaften betrachteten. Allein die Kräfte sind uns gar nichts anderes
als Nöthigungen und Fähigkeiten zu bestimmten Leistungen, die
einem Element in jedem Augenblick aus der Summe seiner innern
Beziehungen zu allen übrigen entstehen. Denken wir uns nun die
Natur als ein Ganzes, in welchem irgend ein Plan Z realisirt
wird, so ist denkbar, daß zu diesem Zweck den einzelnen Wesen
verschiedene allgemeine, in einzelnen Fällen collidirende Verhaltungsweisen M, N, O vorgeschrieben sind, ungefähr so, wie in der mensch-
lichen Gesellschaft Z die einzelne Person durch juristische Gesetze M,
durch moralische N, durch bloße Nützlichkeitsrücksichten O gleichzeitig
bedingt ist. Hieraus kann folgen, daß ein und dasselbe Element,
weil es gleichzeitig solchen verschiedenen Gesetzkreisen unterliegt,
allerdings in Bezug auf ein anderes entgegengesetzte Wirkungen,
natürlich unter bestimmten Bedingungen verschieden große und verschieden sich ändernde, ausüben muß, die dann in unserer Beob-

achtung als entgegengesetzte Bewegungskräfte auftreten, deren Größe abhängig ist von der Entfernung.

Man hat indessen diesen Gedanken gescheut und früher angenommen, alle Elemente ponderabler Stoffe seien von Hüllen imponderabler umgeben. Aus den verschiedenen Verhältnissen der drei hier entstehenden Kräfte, der Attraction der ersten unter sich, der Repulsion der zweiten unter sich und der Attraction beider gegeneinander, glaubte man die Mannigfaltigkeit der Aggregatzustände erklärbar, ohne jedoch diesen allgemeinen Gedanken zu einer die Einzelerfahrungen deckenden Theorie ausbilden zu können. In letzter Zeit ist das Bedenken überwiegend geworden, ob überhaupt, wenn man nur den gewöhnlichen Begriff der Kräfte verwendet, ein Gleichgewichtszustand ruhender Elemente möglich sei, und ob nicht jede constante Form der Nebeneinanderlagerung von Elementen nur durch beständige Bewegung derselben erhalten werde, so etwa, wie die gleiche Entfernung zwischen zwei gravitirenden Elementen nur durch eine stetige Kreisbewegung um ihren gemeinschaftlichen Schwerpunkt erhalten bleibt.

Gegen das Princip dieser Ansicht ist nichts einzuwenden, obgleich ihre Anwendungen an einiger Unwahrscheinlichkeit für die Phantasie leiden, und bis jetzt nur in einem Fall, in der Gastheorie, zu einem mit den Erfahrungen vergleichbaren Resultate geführt haben. Die Ausdehnbarkeit der Gase, die gleichartige Raumerfüllung derselben und die Gleichheit des Druckes im Innern eines abgeschlossenen Volumens fügten sich den Versuchen nicht, sie aus beständigen Kräften der Elemente gegen einander zu construiren. Man nimmt jetzt an, die Urtheilchen des Gases befänden sich in einer beständigen gradlinigen Bewegung, nach verschiedenen Richtungen gleich häufig; sie befänden sich aber außerhalb der Sphäre, in welcher sie durch Kräfte auf einander wirken. Sie gerathen dann in Zusammenstöße mit einander, bei denen sie elastisch zurückgeworfen werden, mithin keine Geschwindigkeit verloren geht, sondern blos ausgetauscht wird.

Es läßt sich dann nach Wahrscheinlichkeitsberechnungen zeigen, daß in einer eingeschlossenen Gasmasse wenigstens nach einiger Zeit nach allen Richtungen hin in gleicher Zeiteinheit durchschnittlich dieselbe Anzahl von Stößen mit durchschnittlich derselben Kraft auf die begrenzende Wandung ausgeübt wird; und dies würde der Druck sein, den das Gas nach allen Seiten gleichmäßig ausübt. Nach gleichen Berechnungen würde auch innerhalb dieses Volumens eine beliebige Ebene von beiden Seiten gleichen Druck erfahren. Die Compression von außen vermehrt die Anzahl dieser Stöße, indem sie den Weg verkürzt, den die Atome nehmen können, ohne zusammenzustoßen. Die Temperaturerhöhung, ihrerseits auf Geschwindigkeiten beruhend, die den Elementen des Gases mitgetheilt werden, vermehrt die Energie der Stöße; und beide Ursachen lassen also den Druck des Gases wachsen.

Man sieht hierbei, daß der Begriff einer Kraft doch nicht entbehrt werden kann. Um den elastischen Rückprall der zusammenstoßenden Elemente zu begreifen, muß man die gewöhnliche Vorstellung der Elasticität, die nur auf zusammengesetzte Stoffe anwendbar ist, durch eine Repulsionskraft ersetzen, die auf sehr kleine Entfernungen wirksam ist, und mit diesen sehr rasch abnimmt.

Sechstes Kapitel.
Von dem organischen Leben.

§ 69.

Die physikalischen Vorgänge erregten durchaus den Gedanken, sie als Resultate vieler Einzelwirkungen von Atomen zu fassen. Bedenklich war blos die Neigung, diese Atome selbst nur als innerlich unbewegte Anknüpfungspunkte, nicht aber auch als Erzeugungspunkte von Bewegungskräften anzusehen, die doch nur aus ihren innern Zuständen überhaupt entspringen können. Die Erscheinungen des Lebens haben zunächst den entgegengesetzten Gedanken hervorgerufen, und die Vorstellung eines einzigen Princips erzeugt, welches zwar die physischen Atome zur Durchführung seiner Pläne brauche, aber im Stande sei, ihre Wirkungen zu modificiren, und zwar in der Weise, daß überall einem bestimmten Zwecke Genüge gethan werde.

§ 70.

Von den Gründen, durch die man zunächst einen wesentlichen Unterschied zwischen organischer und unorganischer Welt in Bezug auf die Mittel ihrer Verwirklichung herstellen wollte, sind die meisten offenbar unhaltbar.

Was den organischen Chemismus betrifft, so hat die Annahme blos binärer Zusammensetzung unorganischer, dagegen ternärer und quaternärer Structur organischer Stoffe in der gegenwärtigen Wissenschaft keine Bedeutung mehr. Die andere Behauptung, von einem spontanen Zerfallen organischer Stoffe, sobald die 'Lebenskraft' sie verlasse, ist völlig übertrieben, bedenkt nicht, daß im Gegentheil pflanzliche und thierische Gewebe unter einigermaßen günstigen Bedingungen von der größten Haltbarkeit sind, ja vielleicht, nach neueren Angaben, überhaupt nur durch das Eingreifen anderer lebendiger Wesen, durch Infusorien und Pflanzen, in Zerstörung hineingezogen werden, daß endlich auch während des Lebens analoge Zersetzungen wie nach dem Tode stets stattfinden, daß aber die entstehenden Producte durch Functionen der Absonderung an ihrer Ansammlung und ihrer Wechselwirkung auf einander gehindert werden, so daß allerdings der Anblick der Fäulniß nach dem Tode sich wesentlich von der Zersetzung während des Lebens unterscheidet.

Auch solche Thatsachen, wie: daß unorganische Stoffe gerabflächige Krystallformen, organische hauptsächlich krumme Flächen bilden, daß ferner die letzteren bei gleicher Substanz äußerst verschiedene Formen, die ersteren immer dieselbe annehmen, sind theils unbedeutend, theils falsch ausgedrückt.

§ 71.

Daß in der lebendigen Welt eine Kraft in der Fortpflanzung sich ohne Schwächung auf immer mehr Massen verbreite,
kann ebensowenig für eine besondere Natur der 'Lebenskraft' sprechen.
Der Vorgang selbst hat seine vollkommene Analogie in jedem Ver-
brennungsproceß, der von einem Punkt sich auf unendlich viel
Massen verbreiten kann, sowie in der zunehmenden Kraft einer
Lawine, die durch den Fall einer Flocke entstand. Nirgends wird
hier Eine Kraft übertragen, sondern durch die Einwirkung
einer unbedeutenden Kraft wird ein Gleichgewicht anderer Kräfte
aufgehoben, und die nicht mehr balancirten Kräfte wachsen dann
ohne Zuthun der ersten in Folge der Zusammenhänge, in denen
sie sich mit der übrigen Welt befinden.

Daß ferner der Organismus eine 'sich selbst erhaltende,
sich selbst aufziehende Maschine' sei, ist eine den Thatsachen wider-
sprechende Behauptung. Sieht man von äußeren Leistungen ab,
so würde z. B. der Umlauf eines Planeten um seinen Central-
körper gerade ein Beispiel dieses Sich-selbst-Aufziehens sein. Nun
leistet allerdings der lebendige Körper auch Arbeit nach außen,
während er seine eigene Bewegungsform erhält. Dafür ist auch
die Dauer der letzteren stets beschränkt; alle Organismen gehen eben
dadurch zu Grunde, daß sie nicht im Stande sind, zugleich mit der
nach außen geleisteten Arbeit sich selbst dauernd zu erhalten. Daß
sie dies aber eine Zeit lang vermögen, hat nichts Wunder-
bares: es gibt viele Maschinen mit einer Reihe solcher glücklicher
Einrichtungen, daß äußere Störungen in ihnen eine Rückwirkung
hervorrufen müssen, durch welche der schädliche Effect der Störung
wieder ausgeglichen wird. So weit nun der organische Körper in
seiner Structur solche Einrichtungen hat, erweist er sich als sich
selbst erhaltend. Wo sie ihm dagegen fehlen, erzeugt er keine
ganz neuen Reactionen, sondern geht an den Störungen zu
Grunde.

Endlich ist es ganz irrig, den Organismus als eine in sich
abgeschlossene Maschine zu betrachten, die ihren Gang wirklich
blos durch ihre inneren Kräfte fortsetzte und regulirte. Er bildet
vielmehr ein durchaus offenes System von Elementen, welches
der Einwirkungen der Außenwelt immer fort bedarf, um diejenigen
Kräfte zu entwickeln, durch welche seine Entwicklung in bestimmten
Formen erst möglich wird.

§ 72.

Dies alles wird nicht hindern, sich dem großen Eindruck der
Zweckmäßigkeit im Organismus hinzugeben, und in einer
Idee oder einem Typus der Gattung nicht blos einen Ausdruck für die zusammenhängende Form der Lebenserscheinungen, sondern auch für die bewirkende Macht zu finden, welche dieselben
hervorbringt.

Das erste Erforderniß nun zur Klarheit über diesen Gegenstand ist die genaue Nachweisung des Subjectes, dem man diese
zweckmäßige Thätigkeit zuschreibt. Man kann nicht von einer 'Idee
überhaupt', einem 'Lebenstriebe', einer 'Organisationskraft' sprechen,
ohne die entweder physischen oder auch psychischen Elemente nam-
haft zu machen, durch deren Wirksamkeit (von der wir voraussetzen,
daß sie jener Idee gehorcht) dieser überhaupt erst eine bewirkende
Kraft im Zusammenhang der Natur zukommen kann.

Sehen wir von aller Erfahrung vorläufig ab, so können wir
uns allerdings ganz widerspruchslos ein reales Wesen denken, dessen
Natur so geartet ist, daß es überhaupt nicht in Ruhe, sondern in
beständiger innerer Bewegung sich befindet, und zwar so,
daß jede einzelne Phase oder Summe von inneren Zuständen, die
es in einem Augenblick erfährt, nach irgend einem bleibenden Princip
die nächstfolgende, diese eine weitere u. s. f. als Consequenz aus sich
hervorgehen läßt, ungefähr so wie mit einer Art von ästhetischer
Nothwendigkeit die Fortsetzung einer Melodie durch ihren Anfang
bestimmt ist. Wäre nun dieses Wesen ganz unabhängig, so
daß es einer Außenwelt weder bedürfte noch von derselben be=

einflußt würde, vielmehr alle Mittel, deren es zur Herstellung dieser
Entwicklungsreihe bedürfte, selbst aus sich producirte, so würde man
in ihm ein lebendiges Princip des Lebens in dem verlangten Sinne
gefunden haben. Allein diese Vorstellung, die ohnehin gar keinen
Anfang einer Theorie in sich enthalten würde, hat außerdem gar
keinen Bezug zur Erfahrung.

Es gibt keinen Organismus, der anders existiren könnte, als
durch Benutzung der stofflichen Elemente, welche die Natur an der
Oberfläche der Erde darbietet. Diese Elemente alle dienen aber den
verschiedensten organischen Gattungen, man kann also in ihnen
keine Art von zuvorkommender Neigung suchen, diese oder jene bestimmte Lebensform zu verwirklichen. Sie sind blos benutzbare
Materialien, deren immer gleiche Eigenschaften und Wirkungsweisen, die sie auch in ihrem außerorganischen Dasein zeigen,
für die Zwecke des Lebens verwendbar sind, wenn es eine Macht
gibt, die im Stande ist, sie in jedem Augenblicke an die Stelle
zu schaffen, wo sie nützlich sind, sie mit einander zweckmäßig zu verbinden und sie aus vorigen unbenutzbaren Verbindungen zu trennen;
d. h. also: es reicht nicht hin, die lebenerzeugende Kraft sich veränderlich, aber mit innerlicher Consequenz veränderlich zu
denken, sondern es ist weiter nothwendig, daß sie sich auch ganz
von ihr unabhängigen Umständen accommodiren könne.

§ 73.

Auch dieser Ausdruck sagt aber nicht genau, was er als un-
terscheidenden Charakter des Lebenstriebes aussagen will.
Auch jede unorganische Kraft accommodirt sich den Umständen U; denn sie wirkt zwar nach einem allgemeinen Gesetze
G, aber der Effect, den sie hervorbringt, hängt doch von dem U
ab, unter dem sie zur Anwendung kommt, und deßhalb können die
formverschiedensten Wirkungen aus einer und derselben Kraft hervorgehen, und sind die nothwendigen Resultate aus der Verbindung
der veränderlichen U mit dem unveränderlichen G. · Von dem Or-

ganismus aber meint man, er wirke nicht nach einem constanten Gesetze G, sondern nach einem veränderlichen; die
Veränderungen seiner Wirkungsweise aber seien durch die Aufgabe
bedingt, unter allen veränderlichen U einen constanten Zweck Z zu
realisiren, so daß also hier das Wirkungsgesetz G in jedem Augenblick ein neues sein kann und immer aus dem Zusammenwirken
der veränderlichen U mit dem unveränderlichen Z hervorgeht.

Diese Art Accommodation meint man, wenn man die 'Lebenskraft' einer physischen Kraft entgegenstellt. Die letztere bewirkt in
jedem Augenblick das, was nach einem allgemeinen Gesetz ihr unter
den gegebenen Umständen möglich ist, und diese mögliche Leistung
ist dann für sie allemal zugleich eine nothwendige. Von der Lebenskraft meint man, sie könne ihre (nach einem allgemeinen Gesetz
gemessene und den Umständen darnach entsprechende) Größe entweder steigern, oder von ihrer möglichen Wirkung etwas unterlassen,
oder die Form ihres Wirkens willkürlich ändern.

§ 74.

Nun kann aber ein noch unerfüllter Zweck Z, also etwas
das noch unwirklich ist, überhaupt einen bestimmenden Einfluß
auf den Verlauf von Wirklichkeiten nicht haben. Man muß vielmehr diesem Z einen bereits wirklichen Thatbestand ζ substi-
tuiren, der nur in Zuständen jenes Einen Elements, das wir noch
festhalten, bestehen kann, und zwar dergestalt, daß dieses ζ, wenn es
mit den veränderlichen Umständen U zusammenwirkt, die veränderlichen Wirkungsgesetze G hervorbringt, die verschiedenen Effecte dieser
G aber so zusammenstimmen, daß als Endresultat jenes Z hervorgeht.

In diesen Annahmen würde nichts Unmögliches liegen. Aber
sie entsprächen durchaus nicht dem, was man mit der Annahme einer
'zweckmäßig wirkenden Kraft' wollte. Denn offenbar ist hier Z
nicht, sofern es einen zu realisirenden Zweck bedeutet, sondern blos
insofern die bewirkende Kraft der Entwicklung, als es in jedem
Augenblick durch einen bestimmten Thatbestand ζ repräsentirt wird.

Aus diesem ⸗ und den U folgt dann Z, nicht weil es ein Zweck ist, sondern weil es nach allgemeinen Regeln daraus folgen muß; und es würde auch folgen, wenn seine Entstehung gegen den Zweck der Natur liefe.

Daß aber dieses Z seinem Inhalt nach eine consequente, in sich abgeschlossene und zweckmäßige Reihe von Erscheinungen ist, dafür haben wir hierdurch gar keine Erklärung gefunden, sondern haben die Verpflichtung, für diesen Erfolg zu sorgen, der ganz eigenthümlichen Natur jenes Elements zugeschoben, welches eben thatsächlich seine Reactionen immer so einzurichten genöthigt sei, daß aus ihrer Verbindung das Z entsteht. Anders ausgedrückt: auch nach dieser Ansicht ist das Leben Resultat eines 'Mechanismus im weitesten Sinn'.

Die Erfahrung aber führt uns wenigstens gar nicht auf die Annahme eines einzigen körperlichen Elements, in welchem alle die angedeuteten Eigenschaften vorhanden wären, sondern läßt uns diese Ansicht viel wahrscheinlicher so interpretiren: die Lebenserscheinungen hängen ab von einer Vielheit physischer Elemente, die untereinander in einer bestimmten Form F verbunden sind. Dieses F ist so geartet, daß alle äußeren Umstände, welche auf diesen 'Keim' einwirken, entweder denselben zerstören, oder seine inneren Verhältnisse so verschieben, daß alle seine Aenderungen einen bestimmten Typus Z innehalten, oder endlich sie so modificiren, daß das entstehende Resultat als eine Abweichung von Z, und zwar in bestimmter Größe und Richtung, angesehen werden muß (denn auch dies ist zu berücksichtigen, daß die angebliche 'zweckmäßige Kraft' Grenzen ihres Könnens hat, was nach dieser letzten Interpretation sich von selbst versteht, dagegen bei der Annahme eines wirkenden Zweckes nicht wohl begreiflich wäre).

§ 75.

Ein letzter Gedanke bliebe übrig. Sucht man durchaus ein einziges Princip und kann es unter den physischen Elementen nicht finden, so kann man auf die Seele zurückkommen, die ja allerdings die Eigenschaften hat, welche wir in jenem Einen Element voraussetzten.

Allein auch diese Annahme, 'die Seele baue und leite den Körper', ist deswegen unfruchtbar, weil wir alle die Vortheile, die wir für die Erklärung des Lebens aus einer bewußten zwecksetzenden Intelligenz gewinnen würden, hier doch wieder aufgeben müßten.

Einmal nämlich: wenn auch die Seele irgend einen Zweck Z sich mit Bewußtsein wirklich setzt, so kann sie denselben in der Natur doch blos dadurch ausführen, daß ihr bereits irgend ein Organismus zu Gebote steht, dessen Glieder nach einer von ihr unabhängigen Naturordnung Veränderungen erleiden, sobald die Seele selbst ihre Zustände ändert. D. h.: man begreift, wie eine mit einem lebendigen Leibe bereits versehene Seele durch diesen ihre bewußten Zwecke ausführen kann. Hätte sie dagegen noch keinen, so könnte sie ihn auch nicht selbstthätig bauen, sondern müßte darauf hoffen, daß ein allgemeiner Naturmechanismus Stoffe der Außenwelt nöthigen werde, sich in gewisser Weise zu ihrem Werkzeug zu gestalten, in Gemäßheit der inneren Zustände, welche sie, die Seele, selbst nach und nach erfährt.

Dann aber kommt hinzu, daß die Bildung eines thierischen Leibes in einer Zeit vollendet ist, in welcher die Seele ein Bewußtsein ihrer Zwecke überhaupt nicht hat, am wenigsten aber das Bewußtsein dieses Zweckes, nämlich der bestimmten Organisation, welche sie selbst in ihrem späteren ausgebildeten Leben nur äußerst mangelhaft kennen lernt.

Man hat daher auch immer anstatt von klarem Bewußtsein der Zwecke nur von einem 'träumenden', richtiger von einem ganz unbewußten Wirken der Seele gesprochen. Aber mit diesem Zugeständniß ist dann auch die Consequenz verbunden, daß die Seele principiell bei der Bildung des Körpers keine anderen Wirkungen ausübt als jedes andere, unbewußte Element, nämlich so, daß jede ihrer augenblicklichen Wirkungen allemal die nothwendige Resultante aus ihrer Natur S und der Summe der gegebenen Umstände U ist. Es bleibt dabei möglich, daß der Beitrag, den die Seele zum Aufbau des Körpers liefert, eine wichtigere Componente ist, als die Beiträge aller anderen Elemente; gleichwohl bleibt sie eine prima inter pares und mit allen übrigen Theilen zusammen einem Naturmechanismus unterworfen, der das Z bestimmt, welches entstehen soll.

§ 76.

Wir kommen also zu dem Resultat, daß das Leben sich nicht durch eine Kraft von principiell eigenthümlicher Wirkungsweise, sondern nur durch eine bestimmte Combination von Kräften auszeichnet, welche an gegebenen Elementen haften und nach allgemeinen Gesetzen zusammenwirken.

Soweit daher von einer 'Mechanik des Lebens' die Rede sein soll, sind wir genöthigt, ein bestimmt angeordnetes System von Massen oder ein Keimsystem als gegeben vorauszusetzen, und die Untersuchung müßte sich zunächst darauf beschränken, zu zeigen, wie unter hinzutretenden Bedingungen sich dieses System durch Wachsthum und Gestaltbildung zu einem lebendigen Organismus ausbildet und zugleich die neuen Keimsysteme hervorbringt, ohne deren beständige Tradition die Erfahrung uns keine Entstehung von Lebenserscheinungen zeigt.

Allein auch in dieser Beschränkung ist auf eine wirkliche mechanische Theorie nicht zu hoffen. Man muß sich begnügen, in der großen Complication der hier zusammenwirkenden Bedingungen im Allgemeinen wenigstens auch die Möglichkeit sehr complicirter Erfolge zu erkennen.

§ 77.

Reduciren wir die Gestaltbildung auf den einfachen schematischen Fall einer einfachen Keimzelle, die mit einem homogenen Saft gefüllt ist, für dessen ganz eigenthümliche Mischung die elterlichen Organismen gesorgt haben.

Diese Vorstellung ist ärmer als vielleicht das, was in der Natur wirklich vorkommt. So wie wir durch einen durchsichtigen Krystall hindurchsehen, ohne etwas von der inneren Structur zu bemerken, die er wirklich hat, so kann ein scheinbar ganz homogener Zelleninhalt doch bereits innere Differenzen besitzen. Wäre es nicht der Fall, so müßten wir annehmen, daß äußere Bedingungen, wie die Wärme, der Zutritt der Luft, oder der noch fortbestehende Zusammenhang mit dem mütterlichen Körper, auf die verschiedenen Theile der Zelle verschieden wirken, mithin eine Richtung entsteht, nach welcher alle späteren Vorgänge der Größe und Art nach differiren können.

Leiten nun die Einwirkungen der Außenwelt eine chemische Veränderung ein, deren Folge die Gewinnung in Saft aufgelöster organischer Substanz ist, so kann nicht nur die chemische Beschaffenheit des Festgewordenen an verschiedenen Punkten der Axe verschieden, sondern auch die Größe, mithin die Anzahl der Theilchen kann bestimmt sein, in welche sich innerhalb dieses Saftes die organische Substanz verdichten kann. Von diesen Theilsystemen kann jedes der Ausgangspunkt einer neuen Entwicklung werden, welche durch Modification eines im Allgemeinen ähnlichen Typus die verschiedenen Endgestalten der Organe hervorbringt. —

Diese allgemeinen Betrachtungen würden gar nichts bedeuten, wenn nicht die Erfahrung ihnen wenigstens im Ganzen zustimmte. In der ersten Entwicklung des Keimbläschens entstehen die späteren Organe weder alle zugleich in ihrer Endform, noch durch successiven Ansatz späterer an früher gebildete, sondern die organische Masse gliedert sich zuerst in die bekannte Grundform der Zelle. Es entstehen Zellenanhäufungen von verschiedenem Charakter, die jene einzelnen Bildungscentra vorstellen und durch ihre differente innerliche Entwicklung, durch verschiedenes Wachsthum an verschiedenen Stellen, durch daraus entstehende Entfaltungen und durch innere Zerfällungen zuerst im Ganzen angelegter Organe in ihre späteren Formelemente die Endgestalt des Ganzen hervorbringen.

§ 78.

Je weniger man im Stande ist, das Leben aus den mechanischen Einzelwirkungen der Elemente zu construiren, um so mehr ist man veranlaßt, durch Vergleichung der einzelnen Glieder eines Organismus und verschiedener Organismen im Ganzen die constanten Typen aufzusuchen, welche die Resultanten gewisser Gruppen zusammenwirkender Kräfte sind.

Stellen wir uns unter A_0 das in seiner ersten Bildungsbewegung begriffene Material eines Keimsystems vor, so können wir eine Reihe A_1, A_2, A_3 bilden, deren Glieder die einzelnen zunächst sich aus ihm entwickelnden Theilsysteme bedeuten, welche die Ausgangspunkte neuer Bildungen werden, und in denen derselbe Formtypus A in Modificationen erscheint, welche von der Stellenzahl des Gliedes abhängig sind. Wenn jedes dieser Glieder sich nach diesem Typus weiter entwickelt, so wird jedes denselben mit entsprechenden Modificationen der einzelnen secundären Glieder wiederholen, z. B. A_n in a_1, a_2, a_3 ... und A_{n+1} in α_1, α_2, α_3 ... zerfallen. Die räumliche Disposition, in welcher diese Glieder erscheinen, kann verschieden sein: sie können auf einer Axe, mit lateraler Stellung der secundären Glieder, erscheinen; oder nach Art concentrischer Schichten, die einander einschließen; oder welche Form sonst der durch A bezeichnete charakteristische Typus der ursprünglichen Bildungsanlage mit sich bringt.

§ 79.

Vergleichen wir ferner zwei Organismen und ihre Keimsysteme A_0 und B_0, so würden, wenn ihre Substanz ähnlich und die Disposition ihrer Massen analog ist, auch die Typen ihrer Entwicklung ähnlich sein. Die angeführte Reihe hat jedoch nach dem Zeugniß der Beobachtung hier noch eine andere Bedeutung: nicht blos die specielle Form, sondern auch die Anzahl ihrer Glieder ist abhängig von dem ersten, A_0 oder B_0.

Man kann daher verschiedene Organismen in ihrer vollendeten

Gestalt als die Endformen ansehen, zu denen analoge Keimsysteme
gelangen, wenn sie ihre Entwicklung bei dem einen oder dem andern Gliede einer gemeinsamen typischen Reihe abbrechen. —
In diesem Falle bedeuten die Glieder unserer Reihe nicht sowohl
neue Organe oder Organsysteme, die zu den andern noch hinzu-
kommen, als vielmehr Stufen der innern Gliederung und Ge-
staltung, welche die im Wesentlichen gleichen Glieder dieser Organismen durchlaufen.

Man drückt dies ungenau aus, wenn man von verschiedenen,
aber analogen Organismen einer Gruppe sagt, daß sie von demselben Anfangspunkte aus dieselbe Reihe von Entwicklungen
durchlaufen, aber auf verschiedenen Stufen derselben stehen bleiben.
Sie sind vielmehr von Anfang so verschieden, wie A und B, aber die
Unterschiede bleiben natürlich unmerklich, solange der Grad der
Ausbildung überhaupt gering ist. Auf jeder Entwicklungsstufe ist
daher B_n etwas Anderes als A_n, und seine Entwicklung endet
auf einer bestimmten Stufe eben deswegen, weil in B_o nur die
Kraft vorhanden war, welche bis hierher, aber nicht weiter, zu wirken
im Stande war.

Wir stellen uns hierbei vor, daß die letzte Ausbildung, welche
jedem Geschöpfe zur Erfüllung seiner Lebensaufgaben nöthig ist,
in der Natur nicht durch eine direct auf dieses Ziel gerichtete,
zweckmäßige Bildungskraft realisirbar ist, sondern gebunden an eine
bestimmte Art von Entwicklung, welche unter den Verhältnissen an
der Erdoberfläche den hier vorkommenden, überhaupt für das Leben
benutzbaren Stoffverbindungen physikalisch möglich ist. Diese bereits
feststehenden morphologischen Typen nöthigen daher die Organismen, ihre Lebensfunctionen an die Glieder zu knüpfen, welche nach
diesen Typen erzeugbar sind, oder anders gesagt: diesen gegebenen
Grundriß so zu modificiren, daß morphologisch gleichartige Glieder functionell sehr verschiedene Bedeutung in verschiedenen Ge-
schöpfen haben können, manche auch völlig bedeutungslos für einzelne
werden, aber doch deswegen nicht verschwinden.

Jene Modification aber wird nach dieser Auffassungsweise nicht von den Organismen durch eine spätere Anpassung des Typus an ihre Bedürfnisse ausgeführt, sondern ist von Anfang an in der ursprünglichen Disposition des im Laufe der Fortpflanzung immer gleichartig überlieferten Keimsystemes A., B. oder C. begründet, so daß die ganze Entwicklung nur für uns in zwei Componenten zerfällt werden kann, von denen die eine das Resultat des gemeinsamen Planes des A, B und C, die andere die Wirkung der Verschiedenheiten ist, durch die sich A, B und C von einander unterscheiden.

§ 80.

Lassen wir unbestimmt, wie vielerlei organisirbare Materien sich vorfinden, so können wir doch annehmen, daß gewisse einfachste Formen der Entwicklung ihnen allen gemeinsam sein werden.

In der That scheint die Form der Zelle und ihre Theilung, resp. Sprossung oder Erzeugung neuer Zellen in ihr, diese allgemeine Form zu sein, durch welche hindurch alle organisirbaren Stoffe ihre weitere Entwicklung finden.

Nun ist leicht möglich, daß unter diesen vielen Keimsystemen A, B . . . Z sich einige finden, deren ursprüngliche Constitution dazu ausreicht, einige dieser ersten Stabien der Entwicklung zu durchlaufen, die aber den äußeren Einflüssen eher wieder unterliegen, als sie im Stand gewesen sind, einen fortpflanzungsfähigen Keim derselben Art zu erzeugen, oder in deren Natur hierzu die Fähigkeit überhaupt nicht liegt. Dies würden dann transitorische Bildungen sein, die sich so oft wiederholten, als im übrigen Naturlauf ihre Anfänge P, Q, Z erzeugt werden, die aber deswegen gewissermaßen nicht zu den legitimen Naturerzeugnissen gerechnet würden, weil für ihre Fortdauer nicht regelmäßig im Haushalt der Natur gesorgt wird.

Entwicklungen dieser Art würden also durch generatio aequivoca oder originaria entstehen. — Diese Annahme hat man früher häufig, und zwar mit der natürlichen Beschränkung gemacht, daß nur die einfachsten organischen Entwicklungen auf diese Weise entstehen, und daß sie außerdem niemals aus directer Verbindung chemischer Elemente, sondern immer blos aus bereits organischen Verbindungen entstehen, welche bei der Zersetzung anderer Organismen sich bilden. Die neueren Untersuchungen sind dieser Annahme nicht günstig, obwohl sie nichts entscheiden. Man hat keine sicheren Beweise dafür, daß bei der Entstehung der niedersten, s. g. Infusionsbildungen die Einwirkung von Samen ausgeschlossen ist. Andrerseits ist nicht nachgewiesen, daß die überall angenommenen Samen dieser Bildungen existiren, daß jede von ihnen Fortpflanzungszellen erzeugt, oder daß aus den Gebilden, die man für solche ansieht, die Entwicklung allemal beginnt.

Man kann daher diesen ganzen Gedanken der generatio spontanea oder aequivoca nur als eine Möglichkeit bezeichnen, die unter den oben angeführten Beschränkungen ganz wohl in unsere Ansicht vom organischen Leben paßt, aber erst in neuester Zeit, auf Grund anderer Gedankenzusammenhänge, als Möglichkeit wieder anerkannt worden ist. Die gewöhnliche bisherige Ansicht schweigt von ihr, und sieht alles organische Leben als Fortpflanzung bestimmter, und eben deswegen auch ihrer Anzahl nach bestimmter Typen an, die folglich alle zu den legitimen Naturzwecken gehören, und unter einander ein geschlossenes System zusammensetzen.

§ 81.

Viele von diesen Typen hat die natürliche Phantasie durch den bloßen anschaulichen Eindruck unterscheiden zu können geglaubt. Allein schon der größte Unterschied, zwischen Pflanzen und Thieren, ist nur deutlich und sicher, wenn man die höchsten Gebilde beider Reiche vergleicht. Er wird schwankend bei den einfachsten, und es bleibt dann die Frage, ob überhaupt ein wesentlicher Unterschied beide Reiche allgemein trennt und es uns blos an Kennzeichen fehlt, im Einzelfalle die Zugehörigkeit eines Organismus zu dem einen oder dem andern zu bestimmen; oder ob überhaupt nur zwei wesentliche Richtungen unterschieden sind, nach denen allein sich alles Organische dann entwickeln kann, wenn es sich mannigfaltiger entwickelt, während ein drittes Reich zurückbliebe, das weder zu dem einen noch zu dem andern gerechnet werden kann.

Noch mehr schwankend werden unsere Unterscheidungen, wenn wir innerhalb beider Reiche die einzelnen Typen aufsuchen. In ihren ausgebildetsten Vertretern unterscheiden sich diese scharf genug. Allein wenn es sich blos um Form, Structur, Functionen und um die Ordnung der letzteren handelt, so kann man natürlich in Gedanken jeden Organismus durch Veränderungen dieser Elemente in andere umwandeln, und es kommt dann immer darauf an, wie großen Werth wir den einzelnen dieser variablen Eigenschaften beimessen. Erst dann, nach dieser immer etwas willkürlichen Bestimmung, ließe sich feststellen, durch welche Gemeinschaft werthvollerer Elemente mehreres unter Einen Begriff zusammengehört, und sich von dem abgrenzt, mit dem es blos Werthloseres gemein hat.

Man hat daher immer das Bedürfniß empfunden, dem Begriff einer Art oder Species eine dieser Willkür entzogene praktische Bedeutung zu geben, d. h. zu fragen, was die Natur selbst durch ihr Verhalten als zusammengehörig von anderem abgrenzt. Ganz natürlich und folgerecht hat man zunächst als einander fremdartig diejenigen Formen unterschieden, denen die Natur keine Fortpflanzung durch Befruchtung unter einander gestattet; dagegen als zusammengehörige 'Species' diejenigen im Einzelnen noch unterschiedenen Formen, die diese fruchtbare Vermehrung ins Unbegrenzte besitzen; als einander am nächsten verwandt in absteigender Linie die, denen nur eine begrenzte Fortpflanzung durch einander zukommt. Nach dem Ursprung dieser Species zu fragen, unterließ man, weil innerhalb der möglichen Beobachtung ein solcher Ursprung nicht vorkam. Denn alle die durch äußere oder durch unbekannte innere Bedingungen entstandenen und eine

Zeit lang sich vererbenden Umgestaltungen in dem Habitus einer
Species glaubte man im Lauf der Zeit und unter veränderten
Bedingungen immer wieder zu der Urform der Species zurückkehren
zu sehen.

§ 82.

Diese alten Anschauungen werden gegenwärtig durch neue Ansichten bekämpft, welche die erste Entstehung der Arten, welche
freilich anders sein muß als ihre gegenwärtige Fortpflanzung,
durch eine genetische Entwicklung derselben aus einander, und zuletzt
aus einfachen Stoffcombinationen, mit geflissentlicher Vermeidung
jedes intelligenten Princips, zu erklären suchen.

Wir gehen zuerst, indem wir eine gegebene Organisation voraussetzen, auf die Begriffe der Vorgänge ein, durch welche überhaupt
die Umwandlung derselben in andere herbeigeführt werden soll.

§ 83.

Man schreibt jedem Organismus 'unbegrenzte Variabilität nach
allen Richtungen' zu. — Mit Recht, aber trivial und fruchtlos, wenn
man damit nur sagen will, daß jeder Theil und jedes Verhältniß
zweier auch als nichtseiend oder als andersseiend vorgestellt
werden kann.

Damit aber aus der bloßen Variabilität eine bestimmte
Variation werde, bedürfen wir der Ursachen. — Es wäre möglich,
daß keine äußere Ursache vorhanden wäre. Dann muß die Variation Folge einer inneren, nach dem Gesetz der Beharrung sich
fortsetzenden Bewegung im Organismus sein. Diese Bewegung
wäre sehr wohl denkbar; aber sie ginge nicht nach allen Richtungen
unentschieden. Nicht blos jeder Theil hätte in jedem Moment nur
eine bestimmte Richtung seiner Aenderung, sondern der vorhandene
Zusammenhang mit den übrigen Theilen könnte nicht wirkungslos
sein. Die wirkliche Variation jedes Theils würde daher durch die
ursprüngliche Disposition aller, d. h. durch den eigenen Entwick-
lungstrieb des Organismus, bestimmt sein.

Das individuelle Leben zeigt in der That eine solche niemals stillstehende Bewegung, die von einem Anfangszustand des Keims bis zu dem Tode fortführt. Der Generationswechsel niederer Thiere zeigt, daß diese Bewegung ihre verschiedenen aufeinander folgenden Entwicklungen auch an verschiedenen Individuen vollziehen kann; hier freilich so, daß die Reihe derselben sich schließt und die Urform beständig hergestellt wird. Allein logisch, d. h. wenn man noch von der Erfahrung absieht, wäre der Versuch widerspruchslos, die Entwicklung der ganzen Artenreihe auf eine solche immanente, der ursprünglichen Disposition der ersten Organismen inhärirende Entwicklungsbestrebung zurückzuführen.

§ 84.

Aeußere Ursachen können unzweifelhaft Variationen erzeugen, welche durch den gegebenen Typus nur sehr wenig modificirt werden. Denn so eng ist der Zusammenhang der Elemente in den Organismen nicht, daß jede Störung des einen sich sofort wie eine Welle über das Ganze verbreitete. Nicht durch fernwirkende, sondern blos durch moleculare Kräfte stehen sie in Zusammenhang und vertragen eben deshalb vielerlei Aenderungen der Gestalt, der Lage, auch der chemischen Mischung, ohne eine Reaction des Ganzen zu veranlassen. Soweit ihr engerer Zusammenhang für die Zwecke des Lebens verlangt wird, ist er durch besondere Mittel, z. B. das Nerven- und Gefäßsystem der Thiere, realisirt. Es kann daher ohne Zweifel durch äußere Einflüsse eine weitgehende Variation einzelner Theile hervorgerufen werden, ohne daß diesem Vorgang ein beträchtlicher Widerstand von Seiten des bestehenden Typus geleistet wird. Nur bleibt vorläufig gänzlich dahingestellt, innerhalb welcher Grenzen empirisch diese Möglichkeit verwirklicht ist.

§ 85.

Jeder entstandenen Variation wird die Neigung zur Vererbung zugeschrieben. — Dies ist an sich gleichgültig. Es kommt blos darauf an, ob außer der Neigung auch eine Erfüllung derselben stattfindet. Diese nun allgemein anzunehmen, sind wir durch die übrigens freilich widersprechenden Beobachtungen jedenfalls nicht berechtigt.

Abhängen kann die wirkliche Vererbung nur davon, daß die Variation diejenigen uns leider sehr unbekannten Functionen des Körpers modificirt, welche das neue Keimsystem zusammensetzen. Ganz begreiflich ist daher die leichte Fortpflanzung der Pflanzenvarietäten unmittelbar durch die variirten Theile, nämlich durch Ableger; die Unsicherheit der Fortpflanzung durch Samen beweist hier die Möglichkeit, daß die keimbildende Thätigkeit durch die schon bestehenden Variationen ungeändert bleiben kann. Wo geschlechtliche Zeugung stattfindet, würden wir z. B. Vererbung der Haut- und Haarfarbe natürlich finden, da beide Zeugnisse einer Modification des allgemeinen Stoffwechsels sind, die begreiflich auch den neuen Keim mit beeinflußt. Dagegen haben wir freilich Beispiele von sonderbarer Fortpflanzung später entstandener Mißbildungen, denen wir diesen Einfluß nicht zutrauen können.

§ 86.

Theoretisch kann man folgende Fälle als denkbar unterscheiden:

1) Eine Variation a bleibt in dem Körper des Individuums, in dem sie zuerst entstand, ganz particulär, ändert die allgemeinen Lebensvorgänge nicht und erweckt keine Reactionen. Sie ist also mit dem Typus ganz verträglich, und würde sich vererben können, wenn es Kräfte gäbe, die diese Möglichkeit verwirklichten. Aber eben wegen ihrer Gleichgültigkeit gegen den Typus erweckt sie solche Kräfte in diesem nicht, und wird also in Wirklichkeit wieder verschwinden.

2) Eine Variation b dehnt ihren Einfluß auf viele oder alle wichtigen Lebensfunctionen aus, aber vielleicht so, daß sie hier ganz äquivalent mit der normalen Bildung wirkt, ungefähr so, wie die formalen Eigenschaften eines chemischen Products, z. B. seine Kry-

stallform, durch Vertretung des einen Elementes durch ein äquiva-
lentes nicht geändert werden, während dagegen die accessorischen
Eigenschaften, wie z. B. die Farbe, die eben der Form gleichgültig
ist, von dem neuen Stoff abhängen. Es würde also hier in den
Typus T anstatt einer normalen Bedingung a eine variirte α eingetreten sein, welche diesen Typus nicht ändert, aber die früheren
secundären Eigenschaften des Organismus durch andere mit dem
Typus gleich verträgliche ersetzt. Dahin würde z. B. der obige Fall
der Hautfarbe gehören. Diese Varietäten würden erblich sein, weil
sie dem Typus nicht blos nicht widersprechen, sondern in ihm auch
die wirksamen Mittel zur Wiedererzeugung finden. Indessen würde
bei geschlechtlicher Fortpflanzung die Vererbung doch blos
dann zu Stande kommen und eine festbleibende Varietät liefern,
wenn die zusammenkommenden Keimstoffe beider Geschlechter bereits
dieselbe Variation besäßen, und durch reine Inzucht die spätere
Einwirkung anderer Zeugungsstoffe verhindert würde.

3) Eine Variation c widerstrebt vielleicht dem vorhandenen
Typus und er ihr. Daraus entstehen in dem Leben des Individuums, in welchem sie zuerst vorkam, beständige Reactionen, durch
welche der normale Typus sich zu erhalten sucht, oder anders gesagt: eine mehr oder weniger ausgebreitete Verschiebung seiner
Functionen. Ist diese zu groß, so geht er zu Grunde; gestattet sie
ihm aber noch eine Fortpflanzung, so werden doch diese mobificirten
Functionen auch einen mobificirten Keim hervorbringen. Was aber
dann im Einzelnen wird, ist gar nicht zu entscheiden. Es kann
sein, daß das neue Product gar nicht dauernd lebensfähig, noch
weniger fortpflanzungsfähig ist, wie das z. B. bei Uebertragung
von Krankheiten vorkommt. Es ist aber auch möglich, daß die
variirten Organismen der Eltern ein lebensfähiges Product von
verändertem Typus hervorbringen. Dagegen gibt es keinen Grund
anzunehmen, daß dieses Product dieselbe Variation wieder erzeugen müßte, die in den Eltern vorhanden war. Es wäre freilich
ebenso willkürlich, zu meinen, daß die neue Form als Reaction

gegen die abnorme Variation dieser entgegengesetzt sein müsse; sie muß blos irgendwie sein. Wenn wir daher zugeben müssen, daß auf diese Weise ein variirter Typus sich vererben und zu einer festen Form werden kann, so ist dies doch ein unwahrscheinlicher Fall unter vielen anderen, und die Bedingungen bleiben ganz unbekannt, unter denen er stattfinden müßte.

4) Es wäre endlich denkbar, der Typus T, der einem Individuum zu Grunde liegt, könne bei einer Variation d überhaupt kein dauerndes Gleichgewicht finden; wenn aber d sich bis zu einem gewissen Werthe δ steigert, so würde T durch seine eigenen innern Verhältnisse genöthigt, in den neuen Typus T₁ überzugehen, der nun wieder eine Gleichgewichtslage der verbundenen organischen Functionen darstellt. An dem fertigen Individuum, in welchem d entstand, ist diese Umwandlung nicht ausführbar; sie könnte aber in der Erzeugung der von ihm ausgehenden Keime geschehen. Dann würde also unter dauernder Einwirkung äußerer Bedingungen ein bestimmt geschiedener Typus aus einem früheren ohne den Uebergang durch unzählige Mittelstufen hervorgehen. Der Grund zu dieser Metamorphose würde aber, wie in allen bisherigen Fällen, nicht in 'Zufällen', oder in der bloßen Einwirkung äußerer Bedingungen, sondern in der innern Entwicklungskraft jedes gegebenen Typus T liegen, der nur entweder zu Grunde gehen, oder sich unverändert erhalten, oder in ganz bestimmte neue Glieder einer zusammenhängenden im Voraus bestimmten Reihe übergehen, gleichgültig variiren dagegen niemals kann.

§ 87.

Gilt einmal Variabilität als allgemeine Eigenschaft der Organismen, so hat man eigentlich keinen Grund, der Geschwindigkeit des Wechsels irgend ein Maß zu bestimmen. — Gleichzeitig der Phantasie zu Liebe, und um nicht den Erfahrungen zu sehr zu widersprechen, hat man einer schnellen, namentlich einer sprungweis erfolgenden Umänderung der Typen eine langsame und stetige

Steigerung ursprünglich kleiner Variationen vorgezogen. **Allgemein** konnte man das nicht behaupten. Es wurden also diejenigen Variationen, deren **Steigerung** man annahm, als solche bezeichnet, die für den Organismus, in dem sie **zufällig** entstanden, **nützlich** waren.

Man kann nicht läugnen, daß hierin eine Möglichkeit überhaupt liegt, d. h. daß die bereits vorhandene Beförderung oder Erleichterung der Lebensfunctionen, die eine solche Variation gewährt, auch auf die Steigerung dieser selber zurückwirken kann. Allein unmöglich kann dieselbe Wirkung von einem **Nutzen** ausgehen, der noch **gar nicht stattfindet**, sondern erst bei einem bestimmten Grade bereits erfolgter Steigerung der Variation stattfinden würde. So dient z. B. ein noch unausgebildeter Flügel, ein noch nicht fertiges Auge, eine noch zu kurze Ranke, ein bloßer Ansatz zu einem Fangarme zu gar nichts. Wären sie daher zufällig entstanden und sollten um ihres künftigen Nutzens willen vervollkommnet werden, so müßten die dazu nöthigen organischen Thätigkeiten entweder von einer **Einsicht** aufgeboten werden, die diesen künftigen Zweck begreift, oder sie müssen als **nothwendige Effecte** in der ganzen Bildung des Organismus präformirt sein. Welchen Fall man auch annehmen mag, so ist klar, daß man dann der 'zufällig' entstandenen Variation überhaupt nicht bedarf, oder daß sie allenfalls für einen äußern Anreiz gelten kann, Thätigkeiten, die blos in der Organisation des lebenden Körpers liegen, zu einer Entwicklung nach eignen Gesetzen zu veranlassen.

§ 88.

Das Resultat würde sein, daß uns ein Uebergang organischer Typen in einander nicht unmöglich scheint, daß er aber durch keinen der Gedanken, welche von dem **Darwinismus** aufgestellt werden, so erklärt werden würde, wie man jeden Naturvorgang erklärt zu haben wünscht. Denn im Grunde läuft dies alles darauf hinaus, daß eben 'zufällig' allemal diejenigen Umstände eingetreten sind, die nöthig waren, um Eins ins Andere zu verwandeln. Die ein

zelnen Gedanken dagegen, die als Grundsätze für die Fortdauer
oder das Wiederverschwinden, für Constanz oder Weiterentwicklung
des durch jenen Zufall Gewonnenen entscheiden sollten, haben sich
alle untriftig erwiesen.

Es bleibt nun aber die andere Frage, ob jene Descendenz der
Arten aus einander, die als ein Vorgang innerer Entwicklung uns
möglich schien, auch wirklich sei, oder, da die gegenwärtige Erfahrung darüber nichts bestimmt, doch im Zusammenhang der
Wissenschaft nothwendig angenommen werden müsse.

Der erste Grund nun, den man für diese Annahme jetzt mit
großem Nachdruck anzuführen pflegt, ist die angebliche Nothwendigkeit, den Begriff einer Schöpfung zu vermeiden und 'die Con-
tinuität des Naturwirkens nach allgemeinen Gesetzen' bis in die ent-
legensten Zeiten zurückzuverfolgen.

Um hierüber zu urtheilen, muß man aus dem Begriff der
'Schöpfung' alles entfernen, was blos irrelevante Zuthat der aus-
malenden Phantasie ist. Dann hat er blos die abstracte Bedeutung, daß die organische Welt nicht sein würde, wenn nicht eine
göttliche Macht den stofflichen Elementen, durch welche sie verwirklicht werden sollte, die hierzu nöthigen Bewegungsantriebe mitgetheilt hätte, welche ohne diese Mittheilung aus den Elementen selbst
nicht entstanden sein würden.

Dieses Verhältniß zwischen der schaffenden Kraft und dem
Geschaffenen kann vielfach aufgefaßt werden. Zuerst so, daß in
der That die ganze Ordnung der Schöpfung auf einmal gestiftet
gedacht wird und alles Uebrige nur denjenigen Naturlauf ausmacht, der nun innerhalb dieser geschaffenen Ordnung möglich ist.
Oder auch so, daß nur eine ursprüngliche Disposition von Elementen geschaffen ist, aus welcher nach constanten allgemeinen Gesetzen die jetzt gegebene Natur sich entwickelt. Oder auch so,
daß im Zusammenhang dieser Entwicklung beständig neue, obgleich
nicht principlose, sondern in einem allgemeinen Schöpfungsplan consequent zusammengehörige, Anstöße der schaffenden Kraft erfolgen.

§ 89.

Für unsere Erkenntniß ist es ein theoretisches Bedürfniß, die Mannigfaltigkeit der Welt auf eine geringe Anzahl in einander greifender Principien zurückzuführen, ebenso wie wir z. B. die Welt des Mathematischen aus wenigen einfachen Grundsätzen zusammensetzen können. Niemand behauptet aber, daß dies Mathematische zeitlich denselben Entwicklungsgang durchlaufen habe, den unser Vorstellen nehmen muß, um es zu begreifen. Und ganz ebenso enthält jenes theoretische Bedürfniß, einfache Principien als die zusammenhaltenden Bande der jetzigen Welt zu finden, kein Recht zu der Folgerung, die Welt habe zeitlich aus solchen Principien sich zur Mannigfaltigkeit hervorbilden müssen.

Diesen ganz unbegründeten, aber in unsern gewöhnlichen Gedanken völlig eingebürgerten Vorurtheilen müssen wir die Behauptung entgegensetzen, daß alle unsere Untersuchung sich immer blos auf eine gegebene Welt beziehen und die innern Zusammenhänge aufsuchen kann, die in ihr stattfinden, weil sie gerade als eine solche gegeben ist. Niemals dagegen ist es möglich, dieses ihr Dasein selbst irgendwoher abzuleiten.

Es ist daher an sich gleich möglich, anzunehmen, daß eben die gegenwärtige Ordnung der Welt das Ursprüngliche und Ewige sei, keinesfalls aber eine geschichtliche Entstehung des jetzigen Zustands aus anderen an und für sich nothwendig.

Daher würde jener erste Schöpfungsbegriff den allgemeinsten Anforderungen der Wissenschaft durchaus nicht widersprechen. Allein in Bezug auf unsere Erde glauben wir um empirischer Umstände willen annehmen zu müssen, daß hier mindestens jene zweite Vorstellung anzuwenden sei, nach der ein geschichtliches Hervorgehen der verschiedenen organischen Species aus einander factisch stattgefunden habe, während es an sich nicht benknothwendig ist. Dabei lassen wir ganz dahingestellt, wie viel oder wenig Zutrauen die auf vielerlei Hypothesen beruhenden Vorstellungen verdienen, die man sich über den anfänglich feurig-flüssigen Zustand der Erde, über die weitere Bildung ihrer Oberfläche und der Atmosphäre macht. Nur so viel halten wir für hinlänglich fest, daß die früheren Zustände der Erde nicht das gleichzeitige, sondern nur ein successives Auftreten der verschiedenen Arten gestatteten.

§ 90.

Auch diese Vorstellung scheut man aber. Und doch würde sie gar nicht einen unmittelbaren Eingriff eines Schöpfers am Anfang der Erdbildung nöthig machen, sondern nur behaupten: in dem umfassenderen Zusammenhange des ganzen Weltlaufes sei der erste Zustand der Erde als Resultat der Vergangenheit in einer einfachen Gestalt hervorgegangen, welche bereits die erzeugenden Prädispositionen der künftigen Entwicklung enthalten habe. Will man diesen Zustand nicht als Wirkung einer Intelligenz fassen, so könnte man ihn doch als unabhängigen anfänglichen Thatbestand gelten lassen. Denn über die Annahme eines solchen ist schlechterdings nicht hinaus zu kommen. Es ist unmöglich, durch Causalität aus Nichts ein Etwas abzuleiten. Auch ein einziges, ruhiges Princip reicht nicht aus; man fände in ihm weder Grund noch Anfang einer Spaltung in die Mehrheit, die doch vorhanden ist. Eine Vielheit von Elementen, und gegebene Verhältnisse und Bewegungen zwischen ihnen, bilden unvermeidlich den Anfangszustand, aus dem allein unsere Constructionen etwas ableiten können.

Nun möchte man über diese Verhältnisse und Bewegungen nichts weiter a priori festsetzen, weil in unserer Erkenntniß kein Grund liegt, eine Form derselben anderen vorzuziehen. Allein diese richtige Enthaltsamkeit kehrt man in den falschen Gedanken um, in Wirklichkeit habe dieselbe Unbestimmtheit bestanden, und es sei ein 'Chaos' vorausgegangen, in welchem, nach dem Ausdruck der Alten, allerlei in allerlei Richtungen bewegt gewesen sei.

Dies ist undenkbar. Auch im Chaos würde zu einer Zeit t jedes Element eine bestimmte Bewegungsrichtung, mit Ausschluß aller anderen, gehabt haben. Wäre dann zu einer Zeit t, irgend ein bestimmtes Product P hieraus hervorgegangen, so würde doch P niemals 'zufällig' entstanden sein, sondern das Chaos enthielt zu ihm genau die vollständige Prädisposition, die man entbehren wollte.

Die Annahme folglich, daß ein Urzustand U der Erde oder der ganzen Welt nicht die bereits ausgebildete Anlage des späteren P enthalte, sondern daß auch diese sich erst nach vielfachem fruchtlosem Zusammentreffen der Elemente bilde, hebt diesen die Zukunft prä=judicirenden Charakter des U nicht auf, sondern vermehrt blos die Anzahl der Zwischenglieder zwischen U und P. Soweit die Erfahrung uns dazu nöthigt, müssen diese Zwischenglieder ange=nommen werden. Hier aber werden sie meist dazu mißbraucht, um die Illusion zu erregen, es sei überhaupt ein Urzustand U denkbar, in welchem noch gar nichts bedingt sei und aus dem sich gleichwohl, blos durch die Länge der Zeit und durch die Menge ganz grund=loser Ereignisse, auch der bedingende Grund für die weitere geordnete Entwicklung der Welt ausbilde.

§ 91.

Ein anderer Irrthum unterhält das Widerstreben gegen die Voraussetzung eines völlig bestimmten Uranfanges. Jeder solche, U_1, erscheint als ein einzelner unter unendlich vielen denkbaren U_1, U_2 x. Mithin sei die Wahrscheinlichkeit eines jeden U_1 x. unendlich klein, und als eine Gewißheit könne man blos das allgemeine U ansehen, welches alle jene einzelnen einschließe.

Dies ist ein kindischer Mißbrauch der Wahrscheinlichkeits=rechnung. Diese setzt immer voraus, es gebe bereits eine Welt, in welcher die einzelnen Thatsachen nach bestimmten Gesetzen ver=bunden sind. Hieraus entsteht für künftige Ereignisse in dieser Welt der Unterschied solcher, die an mehreren oder die an wenigeren Bedingungen hängen, d. h. der Unterschied gleich möglicher und ungleich möglicher, sowie überhaupt der zwischen möglichen und unmöglichen. Ehe es aber eine Welt gibt, bestehen die verschiedenen

Möglichkeiten, die wir hinterher auf Grund des Zusammenhanges dieser jetzt wirklichen Welt erdenken können, nicht bereits als Fälle von größerer, geringerer oder gleicher Realisirbarkeit, sondern sie bestehen alle einfach nicht, und es wäre völlig thörichte Spielerei zu sagen, ehe die Welt gewesen sei, sei die 'Wahrscheinlichkeit', daß eine entstehen würde, ebenso groß gewesen, als daß keine entstände.

Um etwas der Art mit einigem Verstand behaupten zu können, müßte man bereits eine andere Welt annehmen, in deren Zusammenhang man Gründe dafür fände, daß eben das Werden oder Nichtwerden einer Welt zwei sachlich ganz gleich mögliche Ereignisse seien. Oder anders gesagt: erst nachdem eine bestimmte Wirklichkeit U_1 einmal ist und ihre bestimmten Gesetze hat, ist in Folge davon ein U_2 unmöglich, ein U_3 zwar in abstracto möglich aber doch nicht wirklich, ein U_4 nicht blos in Gedanken möglich, sondern auch in dieser Wirklichkeit realisirbar, und zwar leichter oder schwerer als U_5 oder U_6, also wahrscheinlicher oder unwahrscheinlicher als diese.

Immer muß man sich also daran erinnern, daß das Erste in der Wirklichkeit eben immer das Wirkliche ist, und zwar das Bestimmte, während alles Mögliche, Unmögliche, Unwirkliche und Unbestimmte immer nur Gedankengebilde sind, die in unserem Denken auf Grund der Gesetze dieser Wirklichkeit entstehen.

§ 92.

Man gibt endlich ein bestimmtes U_1 als nothwendigen Anfang zu, besteht aber darauf, dies U_1 blos als eine Vielheit thatsächlich gegebener und in äußerlichen Formen der Verknüpfung enthaltener Elemente anzusehen, leugnet aber nicht blos eine intelligente, sondern überhaupt jede Einheit des Wirkens in ihnen, und sieht die ganze Naturordnung nur als das unvermeidliche Resultat des Zusammenwirkens dieser Elemente nach allgemeinen Gesetzen an.

Hiergegen gelten unsere früheren Betrachtungen. Naturge-

ſetze exiſtiren nicht zwiſchen, neben ober über ben Dingen. Auch
hülfe eine ſolche Annahme nichts, weil nicht begreiflich wäre, wie
dieſe nun ſelbſt zu realen Elementen gewordenen 'Geſetze' bie
übrigen Elemente zum Gehorſam brächten. Man muß ſich erinnern,
daß Geſetze nur bie in unſerem Denken entſtehenden Ausbrücke
ſind, burch welche wir bie gegenſeitige Wirkſamkeit ber Dinge zu-
ſammenzufaſſen im Stanbe ſind.

Iſt baher bie Welt ſo, baß es gelingt, ihren Lauf allgemeinen
Geſetzen zu unterwerfen, ſo heißt bas: ihre urſprünglichen Elemente
ſind burchaus nicht beziehungslos auf einanber, unb es kann
nicht jebes ſein wie es will, ſo baß etwa ſpäter hinzukommenbe
Geſetze ſie bennoch alle in Orbnung hielten, ſonbern ſie ſinb von
Haus aus Glieber einer Reihe ober eines Syſtems von Reihen,
unb beswegen iſt ihre Wirkſamkeit ſo beſchaffen, baß bie Regel, nach
ber ſie zwiſchen je zweien erfolgt, als Conſequenz allgemeinſter
unb höchſter Geſetze ableitbar ober mit bieſen wenigſtens vereinbar iſt.

Nun könnte man fortfahren: auch eine ſolche Auswahl auf
einanber bezogener Elemente laſſe ſich boch als ein abſolutes
Factum ebenſo gut benken, wie eine urſprüngliche Coexiſtenz zu
einanber nicht paſſenber auch als Factum ſich benken ließe. Es
bebürfe mithin nicht ber Annahme, baß außer jener Vergleichbarkeit auch noch eine reale Einheit bie Elemente verknüpfe.

Allein bem wiberſpricht ber Charakter ber Wirklichkeit, bie ja
nicht ein unbewegtes Claſſenſyſtem ber Elemente iſt, ſonbern
unaufhörliche Bewegung ber verſchiebenen Glieber beſſelben gegen
einanber.

Ueber bieſes Geſchehen brückt man ſich nun ſo aus: wenn
bie Elemente a unb b in bie Beziehung c_1 treten, ſo änbern ſie
ſich in α_1 unb β_1, wenn in bie Beziehung c_2, bann in α_2 unb β_2 ꝛc.
Allein bamit wirb blos geſagt, welches bie Folgen ſein müſſen, wenn
gewiſſe Bebingungen eintreten. Es fragt ſich aber, wie es überhaupt zu benken iſt, baß ber Eintritt einer Bebingung c_1 bie hiermit

denknothwendig verbundene Folge α_1 und β_1 wirklich hervor-
bringe. Dazu reicht nicht aus, daß c_1 blos vorhanden ist, bemerkbar für uns, sondern auch a und b müssen davon merken; b. h.,
da eine bloße Beziehung, die nichts Wirkliches ist, nicht von außen
her einwirken kann, so müssen a und b bereits in einer inneren
Wechselwirkung stehen, wenn der Fall eintritt, welchen wir als
das 'Eintreten von c_1' bezeichnen. Oder anders ausgedrückt: nicht
die äußeren 'Beziehungen' c bringen die Wechselwirkungen
von a und b hervor, sondern sie sind blos Zeichen oder Folgen
der bereits unmittelbar zwischen a und b bestehenden Wirkungen.

Es muß folglich der Gedanke aufgegeben werden, am Anfange
der Welt seien vielerlei Elemente ohne gegenseitigen Einfluß da-
gewesen, und erst später eintretende 'Beziehungen' hätten
es dahin gebracht, daß sie sich um einander kümmerten. Vielmehr
können Elemente zu einem späteren Weltlauf gar nicht verbunden
werden, wenn sie nicht von allem Anfang an in einer unmittelbaren Wechselwirkung standen. Das aber heißt mit andern
Worten: auch der Gedanke muß aufgegeben werden, als wenn die
einzelnen Elemente durchaus selbständige und in ihrer Existenz
unbedingte wären. Die Probe dieser Selbständigkeit würde ja
darin bestehen, daß jedes fortführe das zu sein, was es ist, möchten
die anderen da sein oder nicht und sich so oder anders verhalten.

Ist aber jedes Element genöthigt, unmittelbar in seinen eignen
Zuständen sich nach den Zuständen der anderen zu richten, so
würde man metaphysisch sie alle zusammen blos als bedingte
Existenzen, als Theile, als Producte, als Modificationen eines
einzigen wahrhaft realen unbedingten Wesens Z ansehen. Natur-
philosophisch braucht man diesen Gedanken nicht vollständig;
es reicht hin, wie wir früher gethan, die Gleichung aufzustellen

$$Z = F\,(a,\ b,\ R)$$

und ihr die Deutung zu geben, daß Z nicht blos eine Größe oder
eine Verbindungsform von Größen, auch nicht blos eine Idee,
sondern zugleich eine reale wirkende Macht sei, welche dann,

wenn in dem Ausdrucke rechts a in α übergegangen ist, die entsprechenden Modificationen von b und R nicht blos theoretisch bedingt, sondern auch physisch hervorbringt.

Dies ist nun die dritte der oben angeführten und gewöhnlich perhorrescirten Formen des Schöpfungsbegriffes. Diese finden wir nicht blos zulässig, sondern nothwendig. — Unsere Naturauffassung erfährt dann allemal einen unmethodischen Sprung, wenn wir einen Theil der Natur, die unorganische, als bloßes Resultat zufällig zusammengeratener Elemente nach bloßen allgemeinen Gesetzen betrachten, und erst hinterher, zur Erklärung des anderen Theils, der organischen Welt, die Mitwirkung eines einheitlichen und planmäßig wirkenden Princips hinzufügen möchten. Man muß im Gegentheil in jedem, dem kleinsten wie dem größten, physischen Ereigniß diese Mitwirkung als den Grund voraussetzen, welcher die Wirkung überhaupt möglich und die Art und Weise derselben nothwendig macht.

Kurz: dieses Z ist eben die reale Causalität, der wir naturwissenschaftlich den Lauf der Welt unterwerfen wollen. Es hat gar keinen Sinn, zuerst nur in abstracto zu behaupten, einer Causalität überhaupt müsse selbstverständlich jede denkbare Welt unterworfen sein, dann aber die bestimmten concreten Gesetze, welche den Inhalt dieser Causalität ausmachen, irgend anders woher zu erwarten. Das erste Wirkliche vielmehr, nämlich die unableitbare Natur dieses Z, ist es, woraus die Causalität in der Welt überhaupt, zugleich aber auch die bestimmten Gesetze folgen, nach denen der Zusammenhang derselben sich bewegt.

§ 93.

Wenn man nicht blos den Naturlauf, sondern auch das geistige Leben in ihm in Betracht zieht, so kann man zu der weiteren Folgerung kommen, dieses Z sei nicht blos als eine einheitliche Macht überhaupt, sondern als eine intelligente zu fassen. Allein für die nächsten Bedürfnisse der Naturwissenschaft

bebarf man biefen Gebanken nicht unb kann fich mit ben formalen
Eigenfchaften bes Princips begnügen, bie aus bem Vorigen hervorgehen unb bie nicht aus religiöfen Gründen, fonbern blos beswegen angenommen wurben, weil ohne fie gerabe eben bie Cau-
falität unbegreiflich wäre, auf welche man ben Verlauf ber
Natur zurückzuführen fucht. Die Möglichkeit, Z als einen intelligenten Geift zu faffen, wirb nur beshalb hier betont, weil
neuere Anfichten, keineswegs aus blos naturwiffenfchaftlichen Grünben, fonbern mit willkürlichem Haffe gegen alles, was Geift heißt,
biefen Gebanken fruchtlos zu eliminiren fuchen.

Für bie Naturphilofophie bleiben als formale Confequenzen
folgenbe: Der Sinn bes Z ift ber Grunb aller Verknüpfungen
zwifchen ben Elementen unb zugleich ber Grunb ihres Dafeins.
Es ift möglich, baß in weitem Umfange biefes Z feinen Plan nur
ausführt, inbem es ben ausführenben Mitteln immer gleiche
Arten ber Wirkfamkeit vorfchreibt; unb bies würben bie allgemeinen Gefetze fein, bie wir in ber Natur vorfinben, von benen
aber boch keines abfolut allgemein ift, fonbern jebes fich auf
eine beftimmte Claffe von Elementen unb Vorgängen beziehl.

Es ift aber keineswegs nothwenbig, baß biefe allgemeinen Gefetze völlig unabhängig finb von bem Plane, welchen Z verfolgt.
Es können langfame, fäculare Aenberungen auch in ihnen vorkommen, abhängig von ben verfchiebenen Perioben ber Entwickelung,
in welche biefer Plan eingetreten ift.

Diefe Aenberungen können unbemerkbar bleiben für bie
ganze Zeit bes Naturlaufs, bie unferer Beobachtung zugänglich ift.
Unfere ganze naturwiffenfchaftliche Unterfuchung würbe bann nur
bem Anlegen eines Krümmungskreifes an einen Curvenbogen zu
vergleichen fein, welcher letztere uns unenblich fcheint, währenb er
boch nur ein Stück bes Weltlaufes ift, ber fich vor unb hinter
biefem Berührungspunkte von bem Kreife wieber entfernt.

Es ift ferner burchaus möglich, baß aus bem Zufammen-
treffen vieler Elemente bas Z neue Kräfte hervorgehen läßt,

die man analytisch aus der bloßen Berücksichtigung der Elemente und ihrer Verbindungen nicht ableiten kann. Sie folgen blos synthetisch daraus, weil diese Elementenverbindung nicht im leeren Raume, sondern stets innerhalb dieses Z stattfindet, auf dasselbe beständig einwirkt und aus demselben Rückwirkungen erzeugt, die nur aus der Natur von Z folgen. — Die Gewohnheit der Physik, ein neues Resultat aus bloßer Zusammensetzung der bereits vorhandenen Einzelkräfte zu construiren, ist daher nicht allgemein berechtigt. Es kann im Gegentheil beständig, z. B. eben in dem organischen Leben, der entgegengesetzte Fall vorkommen, daß aus den Elementen a und b und ihrer Verbindung c nach allgemeinem mechanischen Rechte ein gewisses Product P nicht ableitbar ist, welches dennoch entsteht und dadurch begreiflich wird, daß man zu a, b, c auch noch das beständig vorhandene umfassende Z als eine der componirenden Bedingungen in Betracht zieht.